U0925920

俱舍要义

中国佛学经典宝藏

82

杨白衣 著

星云大师总监修

人民东方出版传媒
東方出版社

《中国佛学经典宝藏》大陆简体字版编审委员会

总序

星云

自读首楞严，从此不尝人间糟糠味；
认识华严经，方知已是佛法富贵人。

诚然，佛教三藏十二部经有如暗夜之灯炬、苦海之宝筏，为人生带来光明与幸福，古德这首诗偈可说一语道尽行者阅藏慕道、顶戴感恩的心情！可惜佛教经典因为卷帙浩瀚、古文艰涩，常使忙碌的现代人有义理远隔、望而生畏之憾，因此多少年来，我一直想编纂一套白话佛典，以使法雨均沾，普利十方。

一九九一年，这个心愿总算有了眉目。是年，佛光山在中国大陆广州市召开"白话佛经编纂会议"，将该套丛书定名为《中国佛教经典宝藏》①。后来几经集思广

① 编者注：《中国佛教经典宝藏》丛书，大陆出版时改为《中国佛学经典宝藏》丛书。

益，大家决定其所呈现的风格应该具备下列四项要点：

一、启发思想：全套《中国佛教经典宝藏》共计百余册，依大乘、小乘、禅、净、密等性质编号排序，所选经典均具三点特色：

1. 历史意义的深远性

2. 中国文化的影响性

3. 人间佛教的理念性

二、通顺易懂：每册书均设有原典、注释、译文等单元，其中文句铺排力求流畅通顺，遣词用字力求深入浅出，期使读者能一目了然，契入妙谛。

三、文简意赅：以专章解析每部经的全貌，并且搜罗重要的章句，介绍该经的精神所在，俾使读者对每部经义都能透彻了解，并且免于以偏概全之谬误。

四、雅俗共赏：《中国佛教经典宝藏》虽是白话佛典，但亦兼具通俗文艺与学术价值，以达到雅俗共赏、三根普被的效果，所以每册书均以题解、源流、解说等章节，阐述经文的时代背景、影响价值及在佛教历史和思想演变上的地位角色。

兹值佛光山开山三十周年，诸方贤圣齐来庆祝，历经五载、集二百余人心血结晶的百余册《中国佛教经典宝藏》也于此时隆重推出，可谓意义非凡，论其成就，则有四点可与大家共同分享：

一、佛教史上的开创之举：民国以来的白话佛经翻译虽然很多，但都是法师或居士个人的开示讲稿或零星的研究心得，由于缺乏整体性的计划，读者也不易窥探佛法之堂奥。有鉴于此，《中国佛教经典宝藏》丛书突破窠臼，将古来经律论中之重要著作，做有系统的整理，为佛典翻译史写下新页！

二、杰出学者的集体创作：《中国佛教经典宝藏》丛书结合中国大陆北京、南京各地名校的百位教授、学者通力撰稿，其中博士学位者占百分之八十，其他均拥有硕士学位，在当今出版界各种读物中难得一见。

三、两岸佛学的交流互动：《中国佛教经典宝藏》撰述大部分由大陆饱学能文之教授负责，并搜录台湾教界大德和居士们的论著，借此衔接两岸佛学，使有互动的因缘。编审部分则由台湾和大陆学有专精之学者从事，不仅对中国大陆研究佛学风气具有带动启发之作用，对于台海两岸佛学交流更是帮助良多。

四、白话佛典的精华集萃：《中国佛教经典宝藏》将佛典里具有思想性、启发性、教育性、人间性的章节做重点式的集萃整理，有别于坊间一般“照本翻译”的白话佛典，使读者能充分享受“深入经藏，智慧如海”的法喜。

今《中国佛教经典宝藏》付梓在即，吾欣然为之作序，并借此感谢慈惠、依空等人百忙之中，指导编修；吉广舆等人奔走两岸，穿针引线；以及王志远、赖永海等大陆教授的辛勤撰述；刘国香、陈慧剑等台湾学者的周详审核；满济、永应等“宝藏小组”人员的汇编印行。他们的同心协力，使得这项伟大的事业得以不负众望，功竟圆成！

《中国佛教经典宝藏》虽说是大家精心擘划、全力以赴的巨作，但经义深邈，实难尽备；法海浩瀚，亦恐有遗珠之憾；加以时代之动乱，文化之激荡，学者教授于契合佛心，或有差距之处。凡此失漏必然甚多，星云谨以愚诚，祈求诸方大德不吝指正，是所至祷。

一九九六年五月十六日于佛光山

原版序
敲门处处有人应

慈惠

《中国佛教经典宝藏》是佛光山继《佛光大藏经》之后，推展人间佛教的百册丛书，以将传统《大藏经》精华化、白话化、现代化为宗旨，力求佛经宝藏再现今世，以通俗亲切的面貌，温渥现代人的心灵。

佛光山开山三十年以来，家师星云上人致力推展人间佛教，不遗余力，各种文化、教育事业蓬勃创办，全世界弘法度化之道场应机兴建，蔚为中国现代佛教之新气象。这一套白话精华大藏经，亦是大师弘教传法的深心悲愿之一。从开始构想、擘划到广州会议落实，无不出自大师高瞻远瞩之眼光，从逐年组稿到编辑出版，幸赖大师无限关注支持，乃有这一套现代白话之大藏经问世。

这是一套多层次、多角度、全方位反映传统佛教文化的丛书，取其精华，舍其艰涩，希望既能将《大藏经》

深睿的奥义妙法再现今世，也能为现代人提供学佛求法的方便舟筏。我们祈望《中国佛教经典宝藏》具有四种功用：

一、是传统佛典的精华书

中国佛教典籍汗牛充栋，一套《大藏经》就有九千余卷，穷年皓首都研读不完，无从赈济现代人的枯槁心灵。《宝藏》希望是一滴浓缩的法水，既不失《大藏经》的法味，又能有稍浸即润的方便，所以选择了取精用弘的摘引方式，以舍弃庞杂的枝节。由于执笔学者各有不同的取舍角度，其间难免有所缺失，谨请十方仁者鉴谅。

二、是深入浅出的工具书

现代人离古愈远，愈缺乏解读古籍的能力，往往视《大藏经》为艰涩难懂之天书，明知其中有汪洋浩瀚之生命智慧，亦只能望洋兴叹，欲渡无舟。《宝藏》希望是一艘现代化的舟筏，以通俗浅显的白话文字，提供读者遨游佛法义海的工具。应邀执笔的学者虽然多具佛学素养，但大陆对白话写作之领会角度不同，表达方式与台湾有相当差距，造成编写过程中对深厚佛学素养与流畅白话语言不易兼顾的困扰，两全为难。

三、是学佛入门的指引书

佛教经典有八万四千法门，门门可以深入，门门是无限宽广的证悟途径，可惜缺乏大众化的入门导览，不易寻觅捷径。《宝藏》希望是一支指引方向的路标，协助十方大众深入经藏，从先贤的智慧中汲取养分，成就无上的人生福泽。

四、是解深入密的参考书

佛陀遗教不仅是亚洲人民的精神归依，也是世界众生的心灵宝藏。可惜经文古奥，缺乏现代化传播，一旦庞大经藏沦为学术研究之训诂工具，佛教如何能扎根于民间？如何普济僧俗两众？我们希望《宝藏》是百粒芥子，稍稍显现一些须弥山的法相，使读者由浅入深，略窥三昧法要。各书对经藏之解读诠释角度或有不足，我们开拓白话经藏的心意却是虔诚的，若能引领读者进一步深研三藏教理，则是我们的衷心微愿。

大陆版序一

《中国佛教经典宝藏》是一套对主要佛教经典进行精选、注译、经义阐释、源流梳理、学术价值分析，并把它们翻译成现代白话文的大型佛学丛书，成书于二十世纪九十年代，由台湾佛光文化事业有限公司出版，星云大师担任总监修，由大陆的杜继文、方立天以及台湾的星云大师、圣严法师等两岸百余位知名学者、法师共同编撰完成。十几年来，这套丛书在两岸的学术界和佛教界产生了巨大的影响，对研究、弘扬作为中国传统文化重要组成部分的佛教文化，推动两岸的文化学术交流发挥了十分重要的作用。

《中国佛学经典宝藏》则是《中国佛教经典宝藏》的简体字修订版。之所以要出版这套丛书，主要基于以下的考虑：

首先，佛教有三藏十二部经、八万四千法门，典籍浩瀚，博大精深，即便是专业研究者，穷其一生之精力，恐也难阅尽所有经典，因此之故，有“精选”之举。

其次，佛教源于印度，汉传佛教的经论多译自梵语；加之，代有译人，版本众多，或随音，或意译，同一经文，往往表述各异。究竟哪一种版本更契合读者根机？哪一个注疏对读者理解经论大意更有助益？编撰者除了标明所依据版本外，对各部经论之版本和注疏源流也进行了系统的梳理。

再次，佛典名相繁复，义理艰深，即便识得其文其字，文字背后的义理，诚非一望便知。为此，注译者特地对诸多冷僻文字和艰涩名相，进行了力所能及的注解和阐析，并把所选经文全部翻译成现代汉语。希望这些注译，能成为修习者得月之手指、渡河之舟楫。

最后，研习经论，旨在借教悟宗、识义得意。为了将其思想义理和现当代价值揭示出来，编撰者对各部经论的篇章品目、思想脉络、义理蕴涵、学术价值等所做的发掘和剖析，真可谓殚精竭虑、苦心孤诣！当然，佛理幽深，欲入其堂奥、得其真义，诚非易事！我们不敢奢求对于各部经论的解读都能鞭辟入里，字字珠玑，但希望能对读者的理解经义有所启迪！

习近平主席最近指出：“佛教产生于古代印度，但传入中国后，经过长期演化，佛教同中国儒家文化和道家文化融合发展，最终形成了具有中国特色的佛教文化，给中国人的宗教信仰、哲学观念、文学艺术、礼仪习俗等留下了深刻影响。”如何去研究、传承和弘扬优秀佛教文化，是摆在我们面前的一个重要课题，人民东方出版传媒有限公司拟对繁体字版的《中国佛教经典宝藏》进行修订，并出版简体字版的《中国佛学经典宝藏》，随喜赞叹，寥寄数语，以叙因缘，是为序。

二〇一六年春于南京大学

大陆版序二

依空

身材高大、肤色白皙、擅长军事的亚利安人，在公元前四千五百多年从中亚攻入西北印度，把当地土著征服之后，为了彻底统治这里的人民，建立了牢不可破的种姓制度，创造了无数的神祇，主要有创造神梵天、破坏神湿婆、保护神毗婆奴。人们的祸福由梵天决定，为了取悦梵天大神，需要透过婆罗门来沟通，因为他们是从梵天的口舌之中生出，懂得梵天的语言——繁复深奥的梵文，婆罗门阶级是宗教祭祀师，负责教育，更掌控了神与人之间往来的话语权。四种姓中最重要的是刹帝利，举凡国家的政治、经济、军事、文化等等都由他们实际操作，属贵族阶级，由梵天的胸部生出。吠舍则是士农工商的平民百姓，由梵天的膝盖以上生出。首陀罗则是被踩在梵天脚下的土著。前三者可以轮回，纵然几世轮转都无法脱离原来种姓，称为再生族；首陀罗则连轮回的因缘都没有，为不生族，生生世世为首陀罗，子孙也倒霉跟着宿命，无法改变身份。相对于此，贱民比首陀罗更为卑微、低贱，连四种姓都无法跻身其中，只能从事挑粪、焚化尸体等最卑贱、龌龊的工作。

出身于高贵种姓释迦族的悉达多太子，为了打破种姓制度的桎梏，舍弃既有的优越族姓，主张一切众生皆平等，成正等觉，创立了佛教僧团。为了贯彻佛教的平等思想，佛陀不仅先度首陀罗身份的优婆离出家，后度释迦族的七王子，先入山门为师兄，树立僧团伦理制度。佛陀更严禁弟子们用贵族的语言——梵文宣讲佛法，而以人民容易理解的地方口语来演说法义，这就是巴利文经典的滥觞。佛陀认为真理不应该是属于少数贵族、知识分子的专利或装饰，而应该更贴近普罗大众，属于平民百姓共有共知。原来佛陀早就在推动佛法的普遍化、大众化、白话化的伟大工作。

佛教从西汉哀帝末年传入中国，历经东汉、魏晋南北朝、隋唐的漫长艰巨的译经过程，加上历代各宗派祖师的著作，积累了庞博浩瀚的汉传佛教典籍。这些经论义理深奥隐晦，加以书写的语言文字为千年以前的古汉文，增加现代人阅读的困难，只能望着汗牛充栋的三藏十二部扼腕慨叹，裹足不前。

如何让大众轻松深入佛法大海，直探佛陀本怀？佛光山开山宗长星云大师乃发起编纂《中国佛教经典宝藏》。一九九一年，先在大陆广州召开“白话佛经编纂会议”，订定一百本的经论种类、编写体例、字数等事项，礼聘中国社科院的王志远教授、南京大学的赖永海教授分别为中国大陆北方与南方的总联络人，邀请大陆各大学的佛教学者撰文，后来增加台湾部分的三十二本，是为一百三十二册的《中国佛教经典宝藏精选白话版》，于一九九七年，作为佛光山开山三十周年的献礼，隆重出版。

六七年间我个人参与最初的筹划，多次奔波往来于大陆与台湾，小心谨慎带回作者原稿，印刷出版、营销推广。看到它成为佛教徒家中的传家宝藏，有心了解佛学的莘莘学子的入门指南书，为星云大师监修此部宝藏的愿心深感赞叹，既上契佛陀“佛法不舍一众”的慈悲本怀，更下启人间佛教“普世益人”的平等精神。尤其可喜者，欣闻现大陆出版方东方出版社潘少平总裁、彭明哲副总编亲自担纲筹划，组织资深编辑精校精勘；更有旅美企业家鲁彼德先生事业有成之际，秉“十方来，十方去，共成十方事”之襟怀，促成简体字版《中国佛学经典宝藏》的刊行。今付梓在即，是为序，以表随喜祝贺之忱！

二〇一六年元月

目　录

俱舍要义

俱舍成实宗史观

俱舍要义

杨白衣

一、总论

（一）绪论

《俱舍》，具称《阿毗达磨俱舍论》（*Abhidharmakośa-śāstra*），为佛灭后九百年纪出生于北印度犍陀罗国首都布路沙布逻城（Purusapura）的世亲（婆薮槃豆，Vasubandhu 旧译天亲）的著作。阿毗（abhi）是对义，达磨（dharma）是法义，俱舍（kośa）是藏义。所以《阿毗达磨俱舍论》译为对法藏论。对法是指：对于佛经中所说的言教——法，加以考察推论之意。即：由种种角度讨论佛陀言教的态度。所谓的对法有二义，一、“对”是：对向、对观，二、“法”是：涅槃、四谛，即为对向涅槃，对观四谛的意思。换句话说就是：由于对观四谛理，得对向涅槃的境地的意思。依一般说，能对观四谛的是没有烦恼的无漏正智，所以所谓的对法，毕竟是指无漏正智而言。盖转迷开悟，必假无漏正智，而欲发无漏正智，则必对观四谛，可见这是佛教最大的眼目了。藏有包含、所依二义，因本论包摄了当时能发无漏正智的各种论典，例如《发智》《六足》《婆沙》等论，俱为其所依而作故叫作：阿毗达磨俱舍——对法藏。

这种对法的论议在印度于佛灭后四百年纪最发达，不特产生了许多冠以“阿毗达磨……”的论书，当时的教界亦几被所谓的阿毗达磨论师（对法师）占光，而风靡一时，这种学潮直到世亲时代始被整理、归纳，而成为《俱舍论》。可见本论在佛学上所占的地位如何了。如果学佛的人没有从《俱舍》下手而开始便研究大乘，那么他非但对于全部教理得不到头绪和基础，更无法把握信解行证的程序和入门的方法。因为大乘的教理是根据小乘而建立的。这部论书本来是为了改善有部宗的教义而根据《阿含经》和律及有部诸论叙述的。其间虽有些论难，但它却被视为含摄小乘三藏的精义和印度一般宗教哲学的名论。故此论在印度又叫作“聪明论”。

大乘（Mahāyāna）、小乘（Hinayāna）这两个名词通常被称为佛教分类的名目。乘（yāna）为运载义，这是譬喻教法有如乘物，能由迷界的此岸运载至悟界的彼岸之意。故大乘则为大的乘物，小乘则为小的乘物。因此，小乘被贬为小机的声闻、缘觉者，是偏重于自利，徒求灰身灭智的涅槃——阿罗汉果的教法。小乘教义之所以往往被轻视，乃是自然的倾势。但我们得“饮水思源”知道这个名称的来源。小乘这个名称大约在佛灭后大乘佛教兴起时才出现的，不然的话，为何在巴利文三藏和汉译的《阿含经》、有部论中，没有这个名称（包括大乘的名称）？因此我们可以明白小乘这个名称，出自自称大乘学者的有意作为，根本没有大小、一二等的高低之划分。大约在纪元一世纪前后，大乘教学者，把原始的根本佛教，称为小乘佛教，将阿含经教贬值，然这并非佛意，万法根本是归一相等的。

观释尊入灭后的印度佛教，在大体上可划分为：（1）原始佛教时代——自佛成道后至根本分裂（此中，佛成道后至佛灭后三十年间，即：公元前三五〇年纪叫作根本佛教）；（2）部派佛教时代——自根本分裂至公元年间；（3）大乘佛教时代——自公元元年至公元六五〇年间（更可分为：兴隆时代、隆盛时代、衰微时代三期）；（4）密教时代——自公元六五〇年纪至公元一二〇〇年纪等四个时代。其中，原始佛教时代的教团在表面上仍一味和合，未曾发生任何的争执，但到了部派佛教时代就渐渐分裂，形成为特殊的教团了。

根本佛教和原始佛教的不同，是时间的不同，至于思想根本无大差别，可说是一致的，有差别的不过是戒律上而已。根本佛教时期，是指至佛陀和佛陀的直接弟子入灭时为止，原始佛教时期是指佛陀的再传弟子以后约一百二十年左右的时代。

部派佛教时期，即是指佛灭后一百二十年顷，僧团开始分裂，而引起第二次的结集的时期。传说中印度的毗舍离国有跋耆子比丘（Vajjiputta），因行十种非佛教律法所许的事情，因而引起了大众的反对，但开会的结果，因意见之不一而分为二部：一为上座部，二为大众部。这二派历史家叫作“保守的正统派”（前者），和“前进的革新派”（后者）。

中国的佛教学者，自古以来一般都承认大小乘的一切经典，都是佛说的，但龙树菩萨所著的《大智度论》却说佛经有佛说、弟子说、诸天说、仙人说、化人说。这也许是针对大乘经而言，但也可以适用于《阿含经》。因为《阿含经》中（包括南传的《尼柯耶》），明记着释尊入灭后有由弟子演说的经，同时也有大弟子为应小弟子的要求，将佛说一偈一句敷衍解说的经。总之，不管佛说与非佛说，如果它是契合于佛法，而不违四圣谛三法印者，即可认为佛法，这是我们要特别注意的一点。

（二）教团的变迁及《俱舍》的所属

佛灭后弟子所想到的第一件要事，便是如何把佛说的言教归纳保存，以及如何统率教团的两大问题。因此，佛灭后不久，在第一结夏安居，由阿阇世王的保护之下，摩诃迦叶率领了五百个遗弟在王舍城附近的七叶窟（又叫毕钵罗窟）从事编纂经典。这时阿难担任了诵经的工作，优婆离担任了诵律的工作。这叫作第一结集。其后一百年因于戒律上发生了异议，于是由于耶舍（Yasa-Kākaṇḍakaputta）的主张，在毗舍离国召集七百高僧，举行了第二次的结集。在这时分裂为两部，已如上述。其后再经一百年顷，在阿育王的时候，上座部的学者目犍连子帝须曾召集了第三次结集。据说这次只结集了论藏，并确定上座部为正统纯洁的佛教。至此虽然在教义上没什么大的变动，但其后二三百年间，即渐次分派，竟出了二十部之多。首由大众部出了一说部、说出世部、鸡胤部，次即出多闻部、说假部、制多山部、西山住部、北山住部。自上座部，出了说一切有部、犊子部、法上部、贤胄部、正量部、密林山部、化地部、法藏部、饮光部（善岁部）、经量部（说转部）。据《异部宗轮论》的记载，部派佛教分裂的情形如下表：

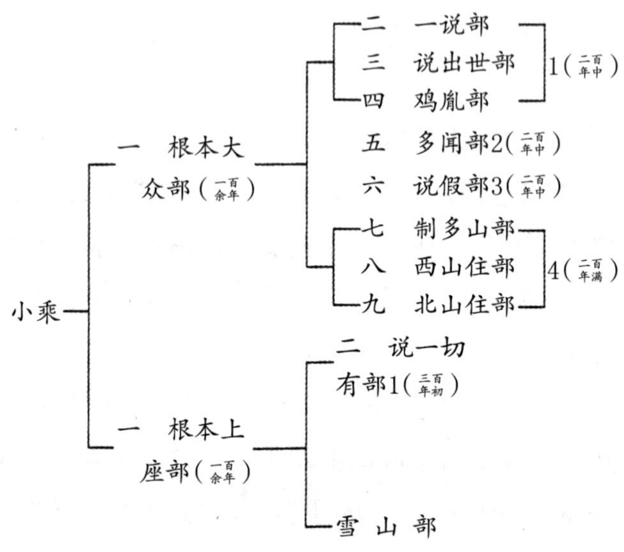

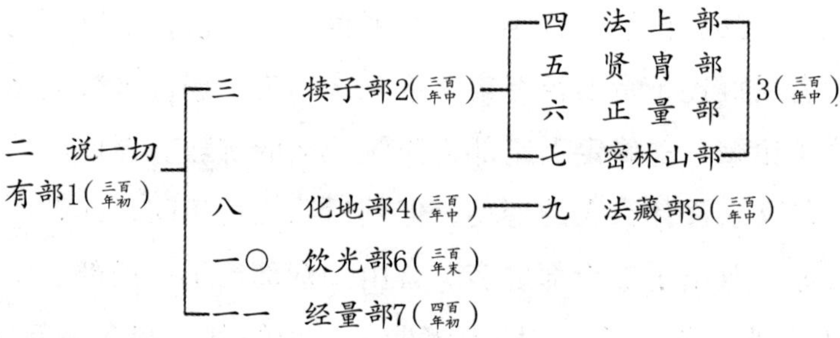

附表之说明：表中横写的一、二等数字系指分派的派数，1、2 等阿拉伯字系分派的次数，此中，根本上座部分出雪山部时，已大为衰微，并退居雪山一带故，从此叫作雪山部。总之，由上座部分出的部派是十部，雪山部收摄于上座部，故不另算为一部。

上座部中，说一切有部（即萨婆多部）主要以北印度迦湿弥罗国为中心，大肆弘扬，至佛灭后六百年顷，犍陀罗国的迦腻色迦王因笃信佛教，敕胁尊者率五百大众，在迦湿弥罗国结集有部的三藏。这就是第四次的结集。在此时所编纂的论部即是有名的《大毗婆沙论》。《大毗婆沙论》是注解《发智身论》，整顿有部教学的重要经典，亦为后世派生各种教派的根源。

俱舍学在大体上是传承二十部派中上座部的正统说一切有部（萨婆多部 Sarvāsti-vādin）的。此派的教学不但最为发达，其教义亦极为精密，所以在汉藏中，所谓的小乘经典几乎都属此部所有。

（三）所依的经论

有部宗所依的经典就是四《阿含经》。四阿含是汉译经典的称呼，如系南方所传的巴利文经典，相当于四阿含的有:《长部》(Dīgha-nikāya),《中部》(Majjhima-nikāya),《杂部》(相应部 Saṃyutta-nikāya),《增支部》(Aṅguttara-nikāya）等四部，若加上《小部》(小集 Khuddaka-nikāya）即为五部（Panca-nikāya）。阿含是梵音阿笈摩（Āgama）的简写，意思就是：教、传，系指：所传承的教说，或其集大成的经典。就中,《长阿含》是集录较长的部分,《中阿含》是集录比较中等的部分,《杂阿含》是集录等类的部分,因内容较为复杂故叫作《杂阿含》。《增一阿含》是集录由一数渐次增至十一数的部分。《阿含经》所包摄的内容虽然极多,但一言以蔽之,不外就是:以四圣谛、八正道、十二因缘为中心的譬喻、因缘谭。

四《阿含经》的传译如下:

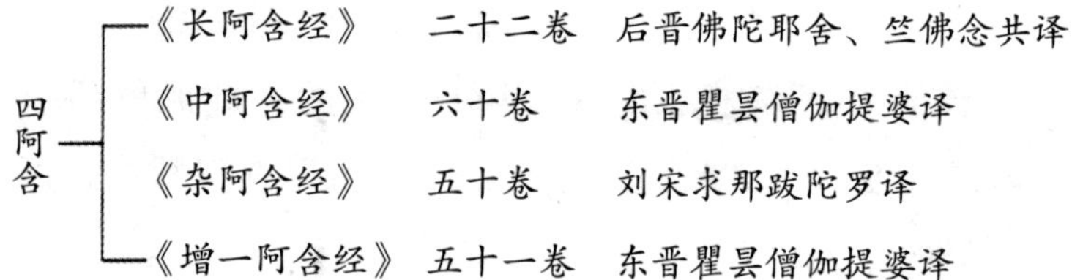

四阿含			
	《长阿含经》	二十二卷	后晋佛陀耶舍、竺佛念共译
	《中阿含经》	六十卷	东晋瞿昙僧伽提婆译
	《杂阿含经》	五十卷	刘宋求那跋陀罗译
	《增一阿含经》	五十一卷	东晋瞿昙僧伽提婆译

有部宗所依的论典,以舍利子所造的《阿毗达磨集异门足论》为首,还有所谓《六足》《发智》七论和《大毗婆沙论》。七论中,《发智论》是综合整个教义的论典,所以叫作"身论"。其他的六论因仅系分述《发智论》的某部分的,所以叫作"足论"。六论中,前三论是佛陀直传弟子的著作,后三论是后代的出品。《发智论》是有部宗义的根本,在汉藏中有二译。即:一为玄奘译的《发智论》二十卷,二为僧伽提婆和竺佛念共译的《八犍度论》八十卷。这些论典因分由迦湿弥罗系和犍陀罗系传持的缘故,其内容稍有出入。《发智论》是佛灭后四百年纪迦多衍尼子的著作,内容共分为:

杂、结、智、业、大种、根、定、见等八蕴。《毗婆沙论》已如上述，为第四结集的产品，这共有二百卷。毗婆沙是梵文 vibhāsā 的音译，就是广解的意思。《毗婆沙论》因系网罗小乘教理的，所以内容非常浩瀚，因此当其问世后不久广被注释，产生很多入门的纲要书——各种“心论”。这是一部强调：“三世实有，法体恒存”的论书，所以极端地主张多元的实在论。对上述的七论，南传巴利文系的佛教，亦有所谓的上座部七论，即：《人施设论》《界论》《法聚论》《分别论》《双论》《发趣论》《论事》。有部宗所传七论的传译如下：

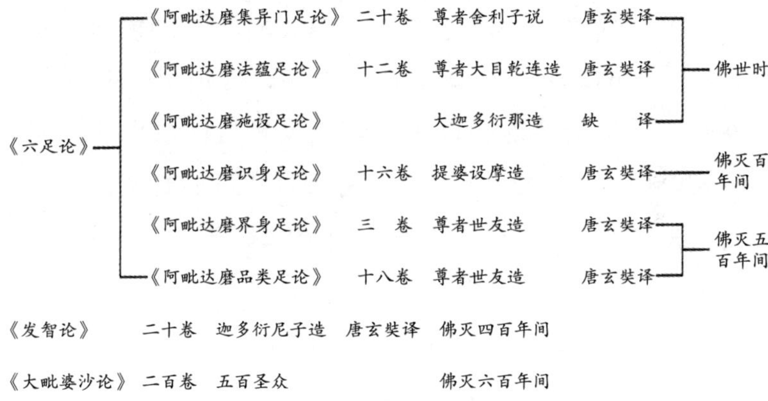

（四）《俱舍论》的成立及其传译

如上述，世亲是佛灭后九百年纪诞生于北印度犍陀罗国的婆罗门族，父亲叫作憍尸迦，母亲叫作比邻持。兄弟三人均称婆薮槃豆，其长兄就是有名的无著（阿僧伽 Asaṅga），季弟就是师子觉。他初于有部出家学习并精通其义。唯当时的有部教学，自《婆沙》编纂后颇为烦琐，几有落入训诂之嫌，尤其是其多元的实在论的思想已达到了极点。所以由其反动，出现了主张极端空论的《成实论》。当时的世亲，不耐其烦，认为经部义也许比较接近真理，乃想得个机会以理长为宗的态度取舍、组织二部的教义。他终于化名潜入迦湿弥罗国研钻正统派的有部宗义四年（当时的有部分为：正统迦湿弥罗和经部犍陀罗二系，而迦湿弥罗系的教义不许外传），屡以经部义论难有部宗义。这时其师悟入（塞建地罗 Sugandhara）察知其为世亲，生怕引起众徒的嫉妒，于是劝其返回以免遭害。世亲返回故里后，向门人讲授《大毗婆沙论》，并将每日所讲的要义作成一偈，总共得了六百偈，以赠予迦湿弥罗国。这就是《俱舍颂》。这时迦湿弥罗国的国王以及僧徒都为了自宗的弘扬颇为高兴，但独有悟入不以为然，请国王召世亲作释。世亲解释了该颂后复加《破我》一品，著成九品三十卷的大作——《阿毗达磨俱舍论》。果然不错，此论不出悟入的所料，世亲在字里行间偏于经量部的教义，屡破有部的教义。因此引起其师兄弟众贤（僧伽跋陀罗 Saṃghabhdra）的激愤，曾花了十二年的苦功，著了《俱舍雹论》八十卷以反驳《俱舍论》。他复拟与世亲对论孰是孰非，但世亲因已年老，且已转向大乘故，避争到中印度去了。众贤因血气方刚随即追赶到秣底补罗国（Matipura），不幸因身染急病致使沮丧元气，无法与之对论，因此只好裁书托人转交世亲后即与世永别了。世亲经详阅《雹论》后，认为这对《俱舍论》有所发明，因而易名为《阿毗达磨顺正理论》。众贤除《雹论》之外，另著有《显宗论》四十卷，以略述《雹论》。《俱舍论》在我国共有二译，一为：唐玄奘所译的三十卷本（新译）；二为：真谛所译的二十二卷本（旧译）。这确为世亲小乘教徒时代的得意杰作，且一新了有部宗义。

世亲灭后《俱舍论》在印度的研究颇盛，如唯识十大论师之一的德慧（瞿那末底）、安慧（悉耻罗末底）、世友以及称友（耶输密多罗）等都有注释，但至今只存称友的《俱舍论精义》的梵本，其他都失传了。

我国以真谛译的（公元五六三年）《俱舍释论》二十二卷为嚆矢（被称为旧译），著译很多疏释。传说，真谛著了《俱舍论疏》六十卷之后，智恺（陈代）著有《俱舍论疏》八十三卷；惠净（唐代）著有《俱舍论疏》三十卷；道岳著有《俱舍论疏》二十三卷。以上都为旧译的注译。惜！现今都失传。及至唐代玄奘译出（公元六五一年）《俱舍论》三十卷后，此论始被盛传。新译的注疏有玄奘门下辈出的英哲神泰著《俱舍论疏》三十卷（现存七卷）；普光著《俱舍论记》三十卷；法宝著《俱舍论疏》三十卷，此三人被誉为《俱舍论》的三大注释家，而依其顺序叫作“泰疏”“光记”“宝疏”，尤其以“光记”与“宝疏”为最重要的指针。其后及至圆晖的《俱舍论颂疏》二十九卷问世后，本论的文理更平易地被发挥，且产生很多的颂疏。如遁鳞的《颂疏记》二十九卷；慧晖的《颂疏义钞》六卷等都很有名。此外尚有慈恩的《俱舍论钞》四卷；怀素的《疏》十卷；憬兴的《疏》三卷；法清的《俱舍论要钞》三卷；本立的《俱舍论钞》三卷；令印的《钞》三卷等，但亦都失传。可惜好景不长，本宗自唐朝以后可以说就没有人研究了。在一九二〇、一九二一年间，有一位希声居士，开始研究《阿毗达磨俱舍论光记》，作《观俱舍论记》，刊在《海潮音》月刊，此后《海潮音》常载张化声居士等研究《俱舍论》的文章。一九二二年武昌佛学院的学科中订有《俱舍》一科，并由史一如教授翻译日人所著之《俱舍论颂释》作为讲义，学者颇感兴趣。后来，继史一如教授讲《俱舍》的张化声居士。当时佛学，对研究生尝提《俱舍》中的要义做学术讲演，千年绝学，自此走上复兴之路。当时佛学院的学僧，皆喜欢《成唯识论》等科，研究《俱舍》者少，专心治此学者，只有法

《中国佛学经典宝藏》目录

编号	书名
1	中阿含经
2	长阿含经
3	增一阿含经
4	杂阿含经
5	金刚经
6	般若心经
7	大智度论
8	大乘玄论
9	十二门论
10	中论
11	百论
12	肇论
13	辩中边论
14	空的哲理
15	金刚经讲话
16	人天眼目
17	大慧普觉禅师语录
18	六祖坛经
19	天童正觉禅师语录
20	正法眼藏
21	永嘉证道歌 · 信心铭
22	祖堂集
23	神会语录
24	指月录
25	从容录
26	禅宗无门关
27	景德传灯录
28	碧岩录
29	缁门警训
30	禅林宝训
31	禅林象器笺
32	禅门师资承袭图
33	禅源诸诠集都序
34	临济录
35	来果禅师语录
36	中国佛学特质在禅
37	星云禅话
38	禅话与净话
39	释禅波罗蜜次第法门
40	般舟三昧经
41	净土三经
42	佛说弥勒上生下生经
43	安乐集
44	万善同归集
45	维摩诘经
46	药师经
47	佛堂讲话
48	信愿念佛
49	精进佛七开示录
50	往生有分
51	法华经
52	金光明经
53	天台四教仪
54	金刚錍
55	教观纲宗
56	摩诃止观
57	法华思想
58	华严经
59	圆觉经
60	华严五教章
61	华严金师子章
62	华严原人论
63	华严学
64	华严经讲话
65	解深密经
66	楞伽经
67	胜鬘经
68	十地经论
69	大乘起信论
70	成唯识论
71	唯识四论
72	佛性论
73	瑜伽师地论
74	摄大乘论
75	唯识史观及其哲学
76	唯识三颂讲记
77	大日经
78	楞严经
79	金刚顶经
80	大佛顶首楞严经
81	成实论
82	俱舍要义
83	佛说梵网经
84	四分律
85	戒律学纲要
86	优婆塞戒经
87	六度集经
88	百喻经
89	法句经
90	本生经的起源及其开展
91	人间巧喻
92	大乘本生心地观经
93	南海寄归内法传
94	入唐求法巡礼记
95	大唐西域记
96	比丘尼传
97	弘明集
98	出三藏记集
99	牟子理惑论
100	佛国记
101	宋高僧传
102	唐高僧传
103	梁高僧传
104	异部宗轮论
105	广弘明集
106	辅教编
107	释迦牟尼佛传
108	中国佛教名山胜地寺志
109	敕修百丈清规
110	洛阳伽蓝记
111	佛教新出碑志集萃
112	佛教文学对中国小说的影响
113	佛遗教三经
114	大般涅槃经
115	地藏本愿经外二部
116	安般守意经
117	那先比丘经
118	大毗婆沙论
119	大乘大义章
120	因明入正理论
121	宗镜录
122	法苑珠林
123	经律异相
124	解脱道论
125	杂阿毗昙心论
126	弘一大师文集选要
127	《沧海文集》选集
128	《劝发菩提心文》讲话
129	佛经概说
130	佛教的女性观
131	涅槃思想研究
132	佛学与科学论文集

《中国佛学经典宝藏》

华人佛学界顶级专家团队编撰。大陆首次引进简体中文版。

读得懂，买得起，藏得下的“白话精华大藏经”。

《中国佛学经典宝藏》白话版系列丛书，共计132册，由星云大师总监修，大陆、台湾百余专家学者通力编撰而成。

丛书依大乘、小乘、禅、净、密等性质编号排序，将古来经律论中之经典著作，依据思想性、启发性、教育性、人间性的原则，做了取其精华、舍其艰涩的系统整理。每种经典都按原文、注释、译文等体例编排，语言力求通俗易懂、言简意赅，让佛学名著真正做到雅俗共赏；还以题解、源流、解说等章节，阐述经文的时代背景、影响价值及在佛教历史和思想演变上的地位角色。丛书还开创性地收录了一些有代表性的现代读本。

星云大师总监修

“人间佛教”的践行本

专家推荐

星云大师常常说，佛学不是少数人的专利，它应该是每一个人都能够接触的。这套书推动了白话佛学经典的完成。

——依空法师

佛光山长老，文学博士，印度哲学博士

星云大师对编修《中国佛学经典宝藏》非常重视，对经典进行注、译，包括版本源流梳理，这对一般人去看经典、理解经典的思想，是有帮助的。

——赖永海

南京大学教授，旭日佛学研究中心主任

《中国佛学经典宝藏》精选了很多篇目，是能够把佛法的精要，比较全面地给予介绍。

——王志远

中国社会科学院研究生院导师，中国宗教协会副会长

传统大藏经 VS 中国佛学经典宝藏

卷帙浩繁 VS **精华集萃**

普通人阅读没头绪、没精力、看不懂。

星云大师亲选132种书目，提纲挈领，方便读经。

古文艰涩 繁体竖排 VS **白话精译 简体横排**

佛经文辞晦涩，多用繁体竖排版：读经门槛高。

经典原文搭配白话精译，既可直通经文，又可研习原典。

经义玄奥 难尝法味 VS **专家注解 普利十方**

微言大义，法义幽微，没有明师指引难理解。

华人佛学界顶级专家精注精解，一通百通。

舫法师等三人，法师力攻“光记”兼读“宝疏”颇有心得。此时南京内学院校刊“光记”，欧阳渐作序，大有功于治斯学者。法师又于一九二九年在武昌讲《俱舍颂》一遍；一九三〇、一九三一年间在北平世界佛学苑教理院（柏林寺）与女子佛学院讲一遍，且有《颂释》之编辑，可惜其稿失于抗战。一九三八年在重庆汉藏教理院以两年的时间讲《俱舍论》，颇有发挥，编有《俱舍颂科判》四卷。此后各地佛学院渐有讲《俱舍颂》者，如新竹灵隐佛学院演培法师讲《俱舍颂》并著有《讲记》，近代研究这一宗的人虽渐渐地多起来，但较之他宗，那实在少得可怜，甚觉可惜！

（五）《俱舍论》的组织及内容

《俱舍论》是该摄《婆沙论》的精髓，而以“理长为宗”的态度撰述的论典，所以既不偏于有部，亦不偏于经部。关于《俱舍》的内容，在“光记”内称赞为：“采六足之纲要备尽无遗，显八蕴之妙门如观掌内……故印度学徒，号为聪明论。”《俱舍论》的组织模仿《婆沙论》的分类法，把内容分为：《界品》《根品》《世间品》《业品》《随眠品》《贤圣品》《智品》《定品》《破我品》等九篇。古来为易于记忆起见，作了偈子说：

“《界》二、《根》五、《世间》五、《业》六、《随》三、《贤圣》四、《智》二、《定》二、《破我》一，是名《俱舍》三十卷。”前八品是述自宗义，后一品是明无我理兼破他宗。其思想不但精细，词义亦极明白且颇有系统，实不愧被誉为“聪明论”，其组织如下：

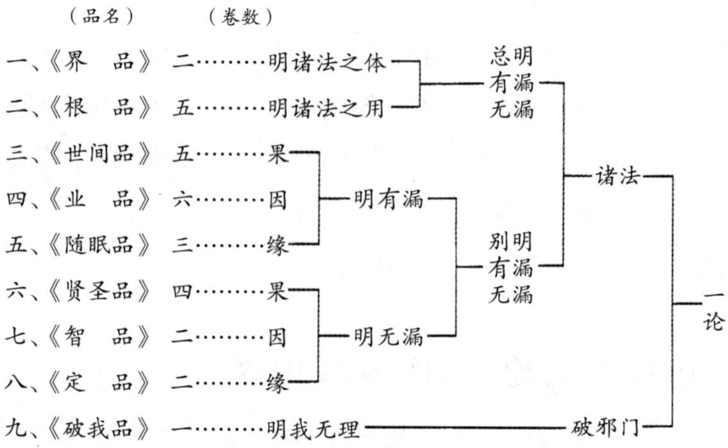

九品中，前八品是本颂六百偈的解释，后一品是为了送去迦湿弥罗特别撰出的附录，所以文章的体裁与前八品不同。前八品复可分为：总论和别论两部分，若把界、根二品视为迷悟的总论，其余六品即为迷悟的别论。或可视前者为原理论，后者为实践论。原理论是论：万有的假实问题以及因果的理法；实践论则论：轮回转生的问题以及修行的阶位，而最后的附录破了实我论。依一般的解释，《界品》是明诸法之体，《根品》是明诸法之用；《世间》《业》《随眠》三品是迷界因果——有漏法的现实世界观，相当于四谛中的苦、集二谛；《贤圣》《智》《定》三品的悟界因果——无漏法的理想世界观，相当于四谛中的灭、道二谛。可见《俱舍》所提出的问题共有五种。即：一、在万有假实论中，把有部宗素来肯定的极端的实在论，一一加以吟味批判，论其假实后，把多元论摄入物心二元论；二、在因果理法论中，详述六因、四缘、五果的因果理法；三、在轮回转生轮中，说明由烦恼缘与业因所招感的苦果，并以十二因缘示明轮回转生的意义；四、在修行阶位论中，论述依定缘智因断烦恼，达到涅槃果报的修行阶位；五、在附录中，否定实我论。其梗概如下：

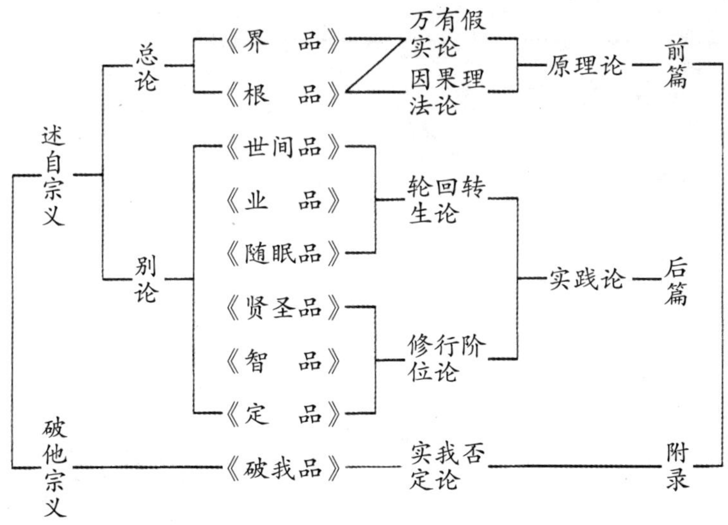

《俱舍论》根据四谛阐明转迷开悟的要路的理由是因为：苦谛是迷界的果报，集谛是苦果的因（缘），灭谛是悟界的果报，道谛是悟果的因（缘）的缘故。所谓的谛就是：审实不虚义。其关联如下：

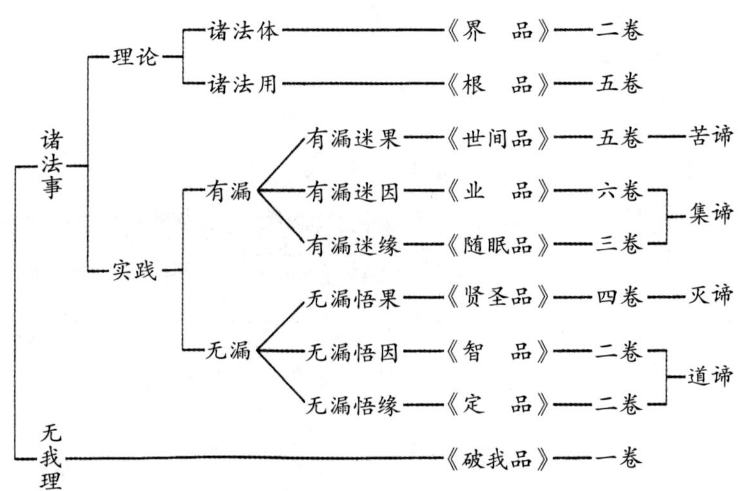

二、体用论

（一）四谛与无我

《俱舍》一论的最后归结，在于破驳实我论，以显无漏正智，故先行叙述。

观我人生苦恼的根源，无非在于不明宇宙的实相——真理，而妄执有一“常一主宰”的实“我”而来，因此，动辄只求我爱自利，走向排他的稠林，有了这种先入的错觉，应运而生的便是：贪、嗔、慢等念头——烦恼。这种“我见”的惰性，更可把你带入趋惑、造业、受苦的三道，使你无法自拔，而永远沉沦于生死的苦海。慈悲的佛陀就是为了拯救这些迷妄的众生，特开显了四圣谛，并借此唤醒我人迈进转迷开悟的要路。

按佛教所谓的“我”大体有三种情形：一为实我，二为假我，三为真我。实我就是：坚执我人的身心，一定有一“常一主宰”的存在，在支配着我人；或离开了我人的身心，另有一主宰在驱使我人的错觉。前者的我执，佛教的术语叫作“即蕴我”；后者叫作“离蕴我”。蕴就是所谓的五蕴，为指：结合我人身心的五种要素。例如：一般人所执着的灵魂以及数论派的神我谛，胜论派的实句我，犹太教的耶和华等等，无不是这种实我见的产物。假我就是：指由五蕴的假和合而现前相续的我人身心，当然这是为了说明的方便起见假名的名称，并非实我。例如：经典中所谓的“我闻如是”“如是我闻”等句。真我就是：指涅槃的殊胜功德，“常乐我净”中的我。当然这是大我，是绝对界。佛教由我的立场虽然对此三我也都加以破斥，但假我与真我是不能否定的事实，所以其排斥的对象只为实我了。

四圣谛是说明迷悟的因果关系，为我人出离苦界的要道，离了它，佛教的一切亦归于乌有。此中，苦、集二谛为迷界的因果，属于有漏的生死法；灭、道二谛是悟界的因果，属于无漏的出生死法。漏就是漏泄义，为指烦恼而言。因烦恼是由众生的六根所泄漏，使其留住于生死苦海，故叫作漏。

四圣谛在《婆沙论》（七七）说：有“实义、真义、如义、不颠倒义、无虚诳义”。谛就是谛观、审察的意思，就是见真实之相，肯定地见到真实。苦谛是指我们现在的境遇，以及我执的世界。一般人都以环境的适意为快乐，或保持心境平和的不苦不乐为安稳，但这由佛的智慧看来，根本都是苦的境界，因为它并非常住不变，而是变化无常，不断新陈代谢的。譬如说，一个人有生必有死，有壮必有病，有盛必有衰，谁都无法避免，所以说人生就是苦（不如意），快乐也不过是苦恼的变形而已。那么招感这种果报——苦的原因是什么呢？那就是惑（迷妄）和业（吾人的言语行动）了。“惑”和“业”，是以无明的“我见”为本而生起的。换句话说，我们的生死流转，以及世间苦迫纷乱的根本，都是“我见”在作祟，而由于强烈的我想为中心，终于展开了一切颠倒的思想和行为。“我见”是无明的内容之一，所以它由于愚痴——无明，起了迷惑——烦恼，不知有情为假相和合的相续体，却常固执着自己的“我见”，造出各式各样的行动——行“业”来。这就是我们流转生死，沉沦迷界的根本。就是说：吾人依自己的身心，在不断的活动中，造出无数的行业，由不同性质的业力招感各式各样的生死（三有）。我们如果明白招集苦果的原因就是“惑”和“业”，那么这种自觉就是“集”的真（圣）谛。灭圣谛就是解脱生死的迷界后，达到的极果——涅槃。道圣谛是能达到灭谛的根本悟因——圣道。这有正见、正思、正语、正业、正命、正念、正精进、正定八种，俗称八正道。此中最要紧的是正见——慧，如经中说："假使有世间，正见增上者，虽复百千生，终不堕恶趣。"（《杂含》二八—七八八）大乘的重视般若，也就是这一意义的强化。总之，我们由于"迷"的因果，明白流转轮回的实相，知道"我执"的迷妄；积极地欣求无我的涅槃，并以趋证涅槃界，可见四圣谛的教法，可令我们挽回人生痛苦迷妄的厄运，而体观到我的真理。

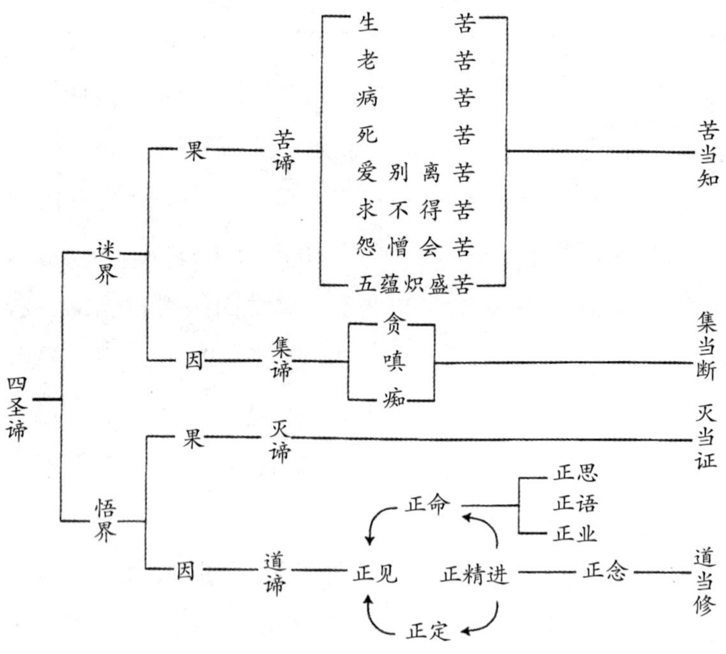

（二）万有的分类

佛教将宇宙的森罗万象（万有）分为两种。一是有为法，二是无为法。为就是作为、造作的意思，它含有生灭变化的意义。法就是所谓的“任持自性，轨生物解”，为指：宇宙的原理、真理、法则、规范、法律。它的意义甚广，有文义法、意境法、依归法三类，但我们这里指的是“意境法”，所以凡由心识所认识的境界都是法。每一法各有它的特有性相，以引发我人一定的认识。因此所谓的有为法，即是指生灭变化无穷的现象；无为法即是指舍离因果，没有生灭变化的常住法。无为法因不摄于五蕴，故没有积聚的意思，唯有十二处和十八界摄尽了一切的有为、无为。蕴、处、界的三科分类，是基于宗教的主观立场而分析的，至于客观哲学的分析，应该是属于五位七十五法（唯识学者则说有百法）。五位就是色、心王、心所、不相应、无为五法。色法共有十一种，即：五根、五境及无表色。心王随所依根及所缘境的不同而有眼识、耳识、鼻识、舌识、身识、意识等识名，但其体为一故，算为一种。心王是六识的主体，在一切法中最为殊胜，并有主动的支配力。心所是属于心王的心理作用，必与心识相应，始能展开作用，自己却不得自由，所以心所是心的附属品。这共有四十六种之多。不相应是由心识、心所和色法，彼此展开作用后现起的。例如：时间、空间、数量、尺度、得失、生灭相、文字相等等都属此类，这共有十四种之多。综上所述，心王和心所是心理学所研究的一切心理现象。色法和不相应法，即为数学、物理学等自然科学所研究的对象。无为法的理性是哲学家的境界。关于五位的排列顺序请参阅拙著《唯识要义》。现将五位七十五法及与《唯识》百法、《成实》八十四法的对照列表如下：

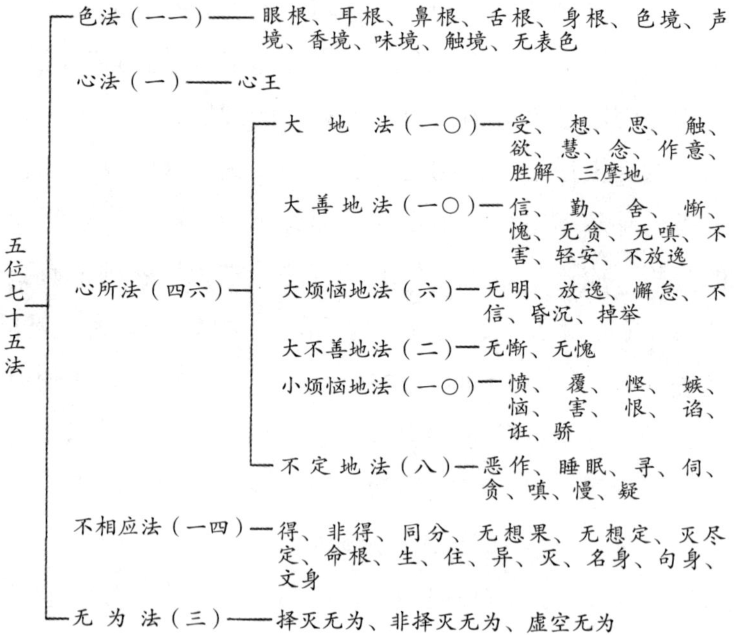

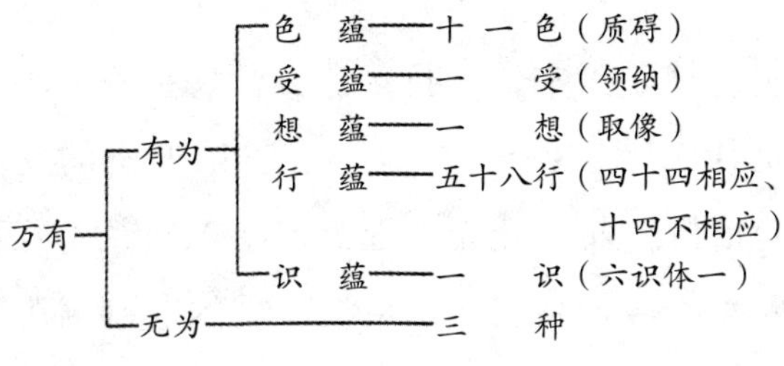

《唯识》百法	《成实》八十四法
十一色	十四色
一　受	一　受
一　想	一　想
七十三行（四十九相应、二十四不相应）	六十六行（四十九相应、十七不相应）
八　识	一　识
六　种	三　种

考大、小二乘的万法论，大乘是以心为本，主张“万法唯识”的，所以不许心外法的存在，因此详举了八个心王，五十一种心所法，尤详于心王的说明。对此，小乘是以色为本的，所以允许心外法的存在，自然详于色法的说明。

（三）蕴、处、界三科

诸法既然是无常、无我，那么，现在我人眼前的一切活动是什么呢？关于这，《俱舍》由严密的立场，考察我人的根机，而特分为：五蕴、十二处、十八界三科来加以说明。科是品别义，系指种类的分别。蕴观详于心理的分析，可以指引迷于精神作用的人；处观详于生理的分析，可以指引迷于物质界的人；界观详于物理的分析，可以指引迷于色、心二法的人。又有一类众生比较利根好略故，说分类较少的蕴观；钝根好广故，说分类较多的界观；中根好中故，说中等的处观。盖三科是通大、小乘的分类法，只是其法数不同而已。

五蕴的蕴是梵语塞建陀（Skandha）的译名，旧译作阴、众，为积聚的意思。五蕴就是：色蕴、受蕴、想蕴、行蕴、识蕴等五种。此中，除色蕴外，其他四蕴均属于精神上的作用。色蕴就是具备形式的物质，包括地、水、火、风等四大要素，及由四大要素结合的眼、耳、鼻、舌、身等五根，并为五根对象的色、声、香、味、触等五境。受蕴是指由五根和五境所起的诸种感觉情绪。想蕴是综合上述感觉所起的认识。行蕴是不属于其他四蕴的一切心理作用——造作——有为法。识蕴是指认识中的眼、耳、鼻、舌、身、意等六识。我们的世界（包括自己）就是上述五蕴的假合相。但由于结合的不同——因果——所以有各式各样的众生，这恰似流水或瀑布一样，毫无实体的存在（主宰的东西）。可怜！众生不知这种真义，徒然执着我见，起种种烦恼——迷惑，造种种恶业，自业自得地在受苦——轮回。就是说，众生因不明五蕴是由种种因缘的结合而生，乃误认有一独立性的存在，因此妄执于识（分别心），而生出种种颠倒是非的思想，更由于这种习性造出种种不正当的行为，永远沉沦于迷界的苦海。我们如能明白这个道理，自然就能痛改前非，趋入光明的大道了。

因为五蕴不摄无为法，所以其所包含的只有七十二法，详如下表：

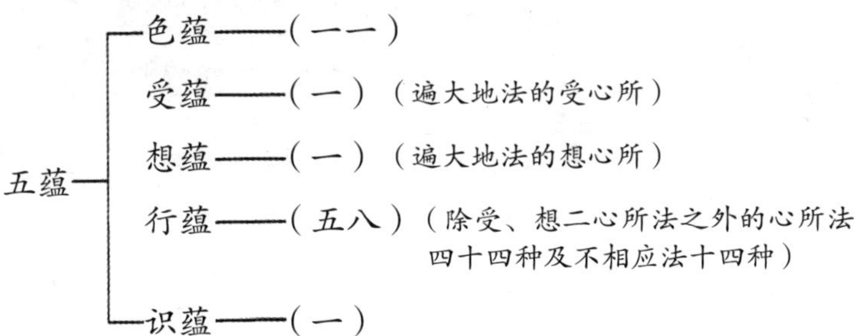

十二处的处是梵语阿耶怛那（Āyatana）的译名，旧译作入，为生长门的意思。生长门就是指：此为心王、心所之所依、所缘的所在之意。即：根、境相对，即发生识的作用，故叫作生长门。这根、境各有六类，故共有十二处。为：眼、耳、鼻、舌、身、意等六根和色、声、香、味、触、法等六境。十二处所摄的法共有六十四种，即：无表色和四十六心所法，以及十四种不相应法，三种无为法。就中，无表色虽为色法，但非前五识之所缘故，摄于意处。详如下表：

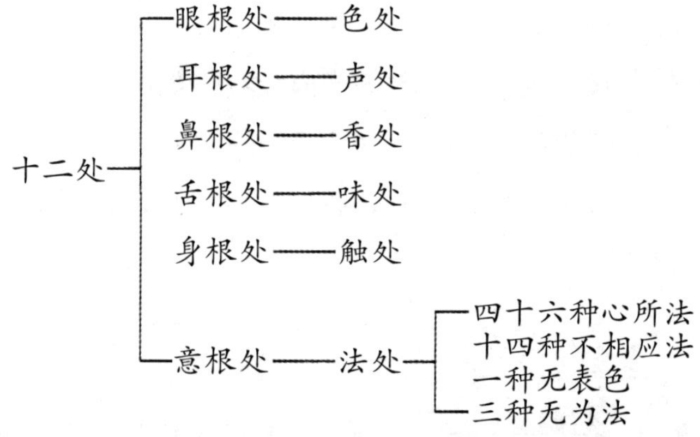

十八界的界是梵语驮都（Dhatu）的译名，为种族、种类的意思。这是在上述的十二处加上其所引发的眼、耳、鼻、舌、身、意等六识的，所以共有十八种。这不外是十二处中，意根处的详解。十八界总摄七十五法无遗。

总之，三科的安立，在破我们的实我执，分析我人的真相，教我们不要偏重物质或精神。可见六识为主观的心，六根为所依的根，六境是其所缘的境界。由此三科的假合，有一切的生活作用，如在此中欲求一实体的存在，则不可得了。至于三科是实有抑或是假立的问题，部派中均有成见，例如：有部宗主张三科统为实有，经部主张蕴、处假，界实，本论则主张蕴假，处、界实。三科开合的情形如下：

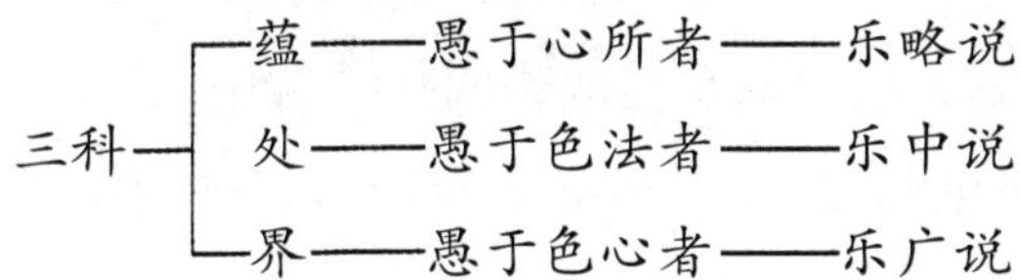

（四）色法

色法就是梵语路波（Rupa）的译名，英译为 form，即是物质。换句话说，凡是占有空间而会变坏，有质碍的东西都是色法。这总共有十一种，即：五根、五境和无表色。

五根的根是梵语因侄唎焰（Indriya）的译名，为胜用、增上、自在、光显的意思。五根为：眼、耳、鼻、舌、身等五官的机能。如视觉、听觉、嗅觉、味觉、触觉等。增上就是能发识，能助识发生了别作用的意思。自在就是根的本身能发识的自在功能。光显就是根对境有见性、有光明、能见色闻声等的意思。胜用就是缘取对境有殊胜的作用。因为它（根）能取外境，而引起五识的精神作用，故叫作根。这又有扶尘根和胜义根两种分别。扶尘根是血肉所成的根（器官），它是扶助胜义根（五官的神经）发识的。胜义根是内在的受纳器，即是五官的神经系，它是由清净微妙的四大种所造成，而为肉眼看不到的。然在五根中，前二根（眼、耳）必要距离才能发识（生理学名为距离感受器）故，叫作“离中知”。后三根叫取至境故，叫作“合中知”。

五境的境是梵语 Visaya 的译名，就是五根对象的客观境界，为：色、声、香、味、触等五境。第一色境有二种类，即：显色及形色。显色就是映于眼根可以看到的色法，如青、黄、赤、白、云、烟、雾、尘、影、光、明、暗等。形色就是有形状的色法，如长、短、方、圆、高、下、正、不正等。色境共有二十种类，详如下表：

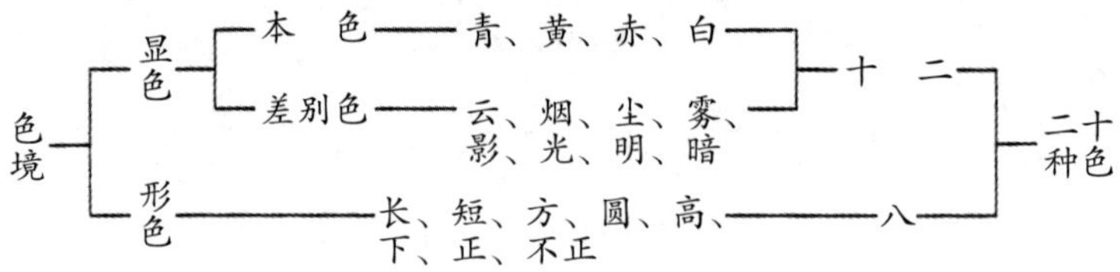

第二声境是由耳根听取的境体，这共有八种类。详如下表：

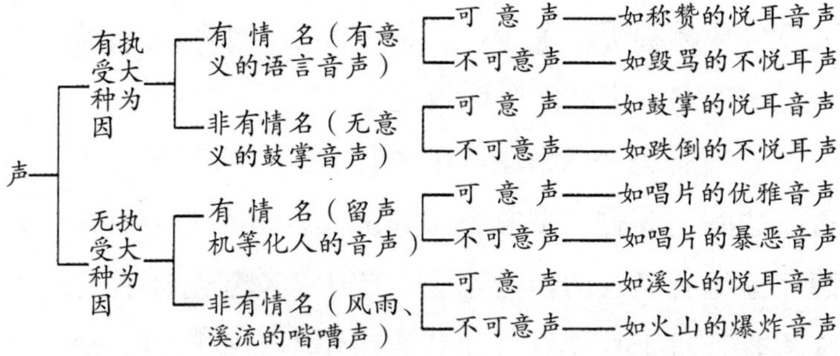

有执受就是有感觉的意思。所谓执受，就是心心所的异名，就是说，心心所能执持有情身，觉知诸种苦乐，故名为执受。换句话说，能感觉苦、乐的即叫作有执受——有情。从有执受的四大种发出的声音，即为“有执受大种为因声”。反之，无执受即是由不能感觉苦、乐的物体——非情的四大种所发出的声音。“有情名”是能诠意义的声音，相反的即为“非有情名”。在这些声音中，能使人生起快感的即叫可意声，相反的即名为不可意声。

要之，所谓有执受、无执受是约所发的因体而言；而有情名、非有情名是约其作用而言；可意、不可意是约其结果而分类的。那么能使人感觉愉快与不愉快的声音究竟是属于哪一类呢？关于这，古来就异说纷纷了。有的说应摄于不可意；有的说应摄于可意；有的根本就略而不谈。例如：由有执受和无执受两种四大为因所发出的声音——“因俱生”，即以手击鼓所发出的声音，究竟应属哪类呢？关于这，论中即以“如一显色极微不许造二四大，声亦然”而否定之。

第三香境是鼻根嗅取的境体，这共有四种，为：好香、恶香、等香、不等香。如沉香、檀香即为好香，如葱、韭等有臭气的即为恶香。此中，对于身体有益的叫作等香，对于身体有害无利的叫作不等香。但这种分类法是极不严格的，若严格地说，应为好香中的等香、好香中的不等香、恶香中的等香、恶香中的不等香等四种。详如下表：

好香╲╱等　香——有益身体
恶香╱╲不等香——损害身体

第四味境是舌根尝取的境体，这共有六种，为：苦、醋、咸、辛、甘、淡等六种。这由众生的好乐复有：可意味、不可意味、舍味之分。

第五触境是身根接触的对境，这共有十一种。为：坚、湿、暖、动、滑、涩、重、轻、冷、饥、渴等十一种。此中初四种是表地、水、火、风四大的显著性质，故叫作能造触；其余七种是由于四大的调和而生故，叫作所造触。

无表色是没有表示（显现）的色法，是对五根、五境的表色而言。它是由于善、恶的行业（一举、一务、一言、一语），在心内生起的一种招感业果的作用（业力），所以善、恶的表业，虽然在动作之后随时消灭，但由此激发的无表色——业力是永远相续，必然地招感其相当的果，因此又叫作无表业。它的体虽然不是极微所成的色法，但却是由于身语的色业发起的，所以依能发的色，说它也是一种色法。

（五）四大极微

物质（即色法）究竟由什么东西造成的呢？这就是所谓的极微（旧译叫作邻虚尘）了。极微是把物质分析得再无法可分的物质分子，如果再要把极微分析的话，那就等于空了。（这佛学叫作析空观。）凡是有了物质的存在必定有它的方位。就是说，不管任何东西，都一定有上下、东西、南北的六方。然极微是把物质分析得无法再可分析，而达到了极点后，更把它分析为六方和中央的七分的。所以极微是不能赋予上下等方位的“无方分”。因此极微是没有变坏，没有质碍，而以肉眼看不到的东西。极微集成为上、下、四方、中央七个的时候，即叫作微。如果微积集了七个即叫作金尘，金尘的七倍叫作水尘（能通行水中），水尘的七倍叫作兔毛尘，兔毛尘的七倍叫作羊毛尘，羊毛尘的七倍叫作牛毛尘，七牛毛尘即名隙游尘，隙游尘就是在户隙间所能看到的游尘。可见这是集合八十二万三千五百四十三个极微而成的了。七隙游尘为一虮，七虮为一虱，七虱为一穬麦，七麦为一指节，三指节为一指，如斯次第积集，终成为山河大地的一切万物。然东西的有长、短、方、圆等差别，那就是起因于极微积集的状态了。

7 极微＝1 微聚

7 微聚＝1 金尘（7×7 ＝ 49 极微）

7 金尘＝1 水尘（49×7 ＝ 343 极微）

7 水尘＝1 兔毛尘（343×7 ＝ 2401 极微）

7 兔毛尘＝1 羊毛尘（2401×7 ＝ 16807 极微）

7 羊毛尘＝1 牛毛尘（16807×7 ＝ 117649 极微）

7 牛毛尘＝1 隙游尘（117649×7 ＝ 823543 极微）

极微又有色、香、味、触等四种分别，这叫作四尘。即：映于吾人的眼的是色尘；嗅觉于鼻的是香尘；味觉于舌的是味尘；肤觉、肌觉于身的是触尘。这四尘因各具有坚、湿、暖、动四大性质故，叫作地、水、火、风四大种。

地大是以坚性为体，以任持为用的。事物彼此有抵抗力，能互相相持即是此地大的作用。

水大是以湿性为体，以摄取为用的。事物能互相接引固定，即是此水大的作用。

火大是以暖性为体，以成熟为用的。果物能成熟，米能成饭，即是此火大的作用。

风大是以动性为体，以增盛为用的。事物的能运动，能生长，即是此风大的作用。

大种就是遍依的意思，大是遍义，种是依义。就是说，它遍于一切万物，不但其势力强大，即每一极微都无法脱离四大，且必以此四种为依方可，故叫作大种。

此四大种复有“假”四大和“实”四大之别，假是非真实，即虚妄非空非无，假设不确定的意思。“假”四大是依“实”四大所成，这是指我人通常所看见的地、水、火、风。“实”四大是以我人肉眼看不到微细的东西，不过因其作用以“假”四大，故强名为地、水、火、风而已。其情形详如下表：

四大	事四大	地、水、火、风	假	眼根所见
	性四大	坚、湿、暖、动	实	身根所触
	四大之用	持、摄、熟、长		

然则，此四大种是以同一的分量集合的呢，还是怎样的呢？那就有问题了。因为四大是有所偏增，在量上也都有所增减的。物体的有种种不同的性质，就是起

因于这四大的量不同。例如物体的有滑性，就是水大的偏增；温暖性，就是火大的偏增；动性，就是风大的偏增；坚性，就是地大的偏增。此中，如系地、水二大偏增，其物质即重；火、风二大偏增，即轻；水、风二大偏增，即冷。但无论任何物体，绝没有由一大或二大所成的，都必须具备四大始能形成，这是特别要注意的。不但四大如此，即四尘亦复如此，所以凡是物体的存在，则必须由四大、四尘合成。这种道理叫作“八事（四大、四尘）俱生，随一不减”。详如下表：

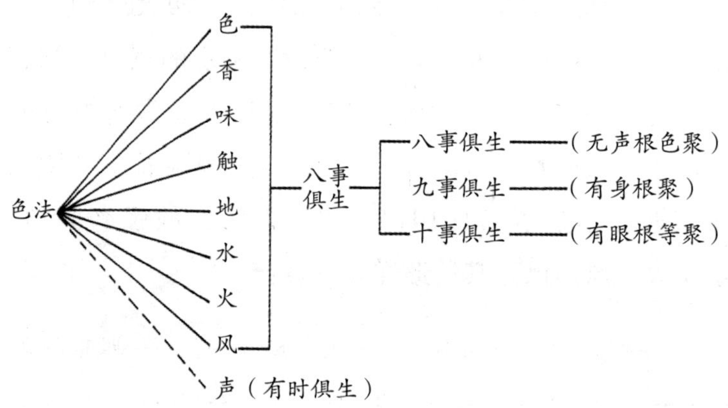

（六）心王

心王就是心的主体，但它只能缘取总相，无法缘取别相。例如：外面有个人，心王只能缘取此人的相貌总体，但无法精细缘取其姿态的美、丑，以及起好、恶等念头。依普通说，心王共有三种异名。即：心、意、识。心是梵语质多（Citta）的译名，为集起义，指：一切心所及能引起三业所作的心作用。意是梵语末那（Manas）的译名，为思量义，或依止义，指：能思虑量度所缘境的作用；或指：为其他心、心所的依止，令其生起后念的刹那。识是梵语毗若南（Vijñāna）的译名，为了别义，指：能明了地了别境相的功能。因《俱舍》是六识论，所以不像《唯识》所谓的“心指第八识，意指第七识，识指前六识”的说法。因此“心、意、识三名，所诠义虽异，而体是一”了。

识就是能缘外境的心的异名，即所谓的心识或意识。六识就是眼识、耳识、鼻识、舌识、身识、意识。眼识是以眼根为所依，了别色境的心识；耳识是依耳根了别声境的心识；鼻识是依鼻根了别香境的心识；舌识是依舌根了别味境的心识；身识是依身根了别触境的心识；意识是依意根了别法境的心识。六识因都必须依根据缘境故，依根得名，叫作眼识、耳识、鼻识等等。如果从所缘的境取名，则应叫作色识、声识等等了。此中前五识因依五根了别五境故，其范围多少不同，但第六意识是依广缘的境故，具足一切心所法。在六识中，意识为主体，而有强烈的作用，例如我人的作善作恶，完全是意识的作祟。虽然意识所缘的境界叫作法境（如前之五根、五境），但配当于五位时，就不然了。因为这时（五根、五境）是针对五识而言的，所以必须把它除外，将其余的无表色、心王、心所、不相应行、无为等诸法叫作法境了。在这里我们要特别注意的，即是意识。因为意识不如前五识之只以色根为所依，而是以前念的意识为所依的。就是说，它是于现前（包括过去、未来）的刹那生灭——法尘（影像）中间发生作用的。因为心法不许有两个并起故，必须待前念灭后，后念才能生起，因此前念为后念的所依，而叫作意根（法相叫作末那）。换句话说，意根就是前念的六识，如果再加上现在的六识，即为七心界。

心王的了别作用有三种殊胜。一即自性分别，二即计度分别，三即随念分别。自性分别就是不加任何比量、猜想，自能识别外境的意思。这是对于现前的直觉而言的。计度分别就是涉及过去、未来、现在三世，而推量种种分别的作用。随念分别就是回忆过去的种种事情而加以考察的作用。

在六识中，前五识只有自性分别，没有善恶好乐的知觉，至第六意识才具有三分别，能观察事物的历程，和知觉、作意、了别一切万有。详如下表：

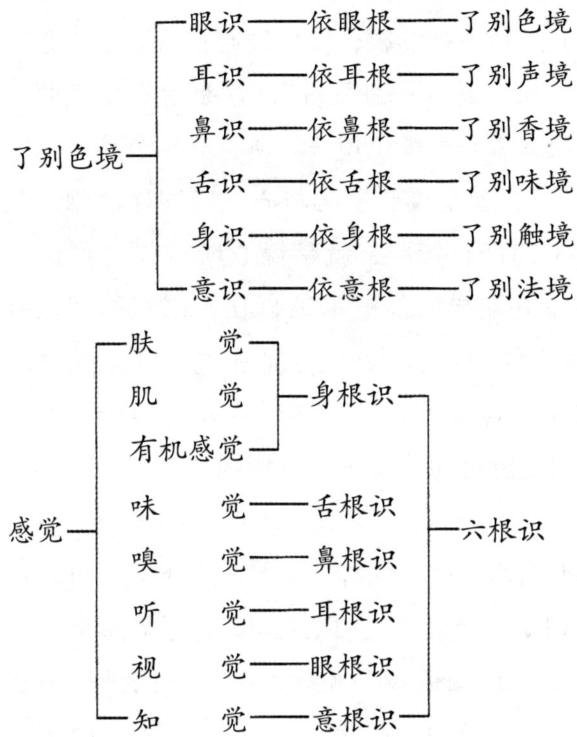

（七）心所

心所（心理作用的现象）一名心数，具说心所有法，为梵语（Caitasika）的译名，是随心王而起的心理作用，为心的附属品。因为它不能离开心王单独行动，必须依附心王，将心王缘取的法境加以微细的辨别，故叫作相应法。相应有五种意思：第一是“所依平等”，就是说它与心王依一样的根，譬如说心王依眼根，心所也必依眼根。第二是“所缘平等”，这是对于所缘的境说的，就是说如果心王缘色境，心所也必缘色境。第三是“行相平等”，就是说心所必与心王行同样的相（感觉）。第四是“时间平等”，就是说心所现起的作用必与心王同时，并非异时能够单独自在。第五是“体事平等”。事就是体的意思，就是说心王与心所虽然体不同，但它们有密切的关系，不许同时并起两个同类的心和心所。以上五种叫作心王、心所的“五义平等”的相应法。

心所法共有六类四十六种，而与心王不同，可以精细地缘取别相（小部分），所以能起好、恶等感情。分为六类的标准是根据道德的观念而来的。因佛教把普通的一切事物不仅分为善、恶二性，复有所谓的无记性，为一种不善不恶的中容性。据《俱舍》说，善是堪予称赞的清净物，恶是可以毁废的污秽物，非善非恶的即为无记。由这个理由，招感乐果的叫作善，招感苦果的叫作恶，都没有力量招感善、恶果的即为无记。无记复有：有覆与无覆的两种分别。有覆无记是虽然没有力量招感苦果的力用，但其性质是属于染污，能障覆圣道无漏智的发生，例如：我见等类。无覆无记是既无招感苦、乐果的力用，复不障覆圣道无漏智发生的，例如：游戏心等类。在六类中，大地法普遍善、恶、无记三性；大善地法只遍善性；大烦恼地法只遍染污性；大不善地法只遍恶性；小烦恼地法只遍染污性；不定地法是无法决定性别的。详如下表：

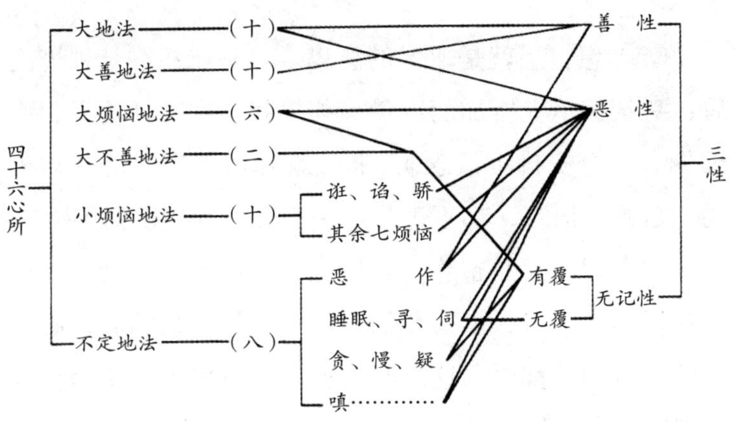

一、大地法：大是遍义，地是指心所的所行处——心王而言。就是说，遍随于心王和心所的法，这共有十种。

（1）受：受就是领纳的意思，就是心理学上所说的感情的领纳，是靠外境的美满如何而定其苦、乐的，如在内心上起了一种顺违的苦乐，或非苦非乐的感受变化，即叫作苦、乐、舍三受，或由身心的感受分为五受、二受。详如下表：

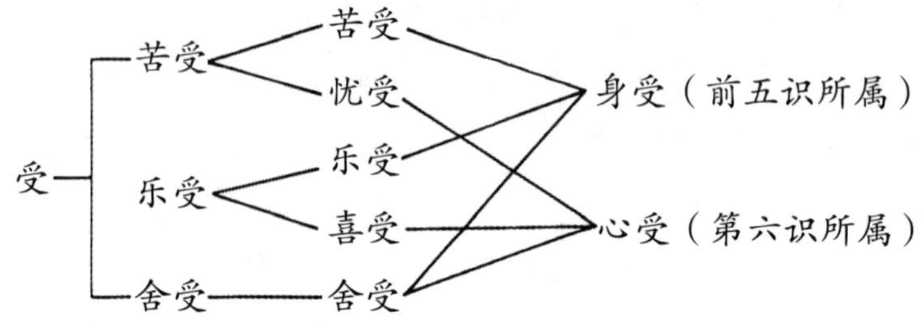

（2）想：想就是取像的意思。这是在接触某种境之后，对某种境界所加的度量。如果我人在某种境界，心理先有一个安排（概念），那么就知道人世间的一切事物、名称、语言，都不过是这一心理上的创设罢了。

（3）思：思是造作义，即在想上所起的活动，所以它是发动身、口、意三业的主因。我们一切的心、心所的动作行为，都要受这思心所推动，所以思心所为行为的根本。

（4）触：触就是接触的意思。就是说：两个以上的东西互相接触，会发生变化的意思。这是根、境、识和合时所起的心所。所以一切心、心所法的生起，都要靠此触心所的作用。例如外境是花，投过眼根即产生花的认识，但这种认识不能离开根和境的组合，所以它必须三法和合，可见触是一种引生感“受”的原因了。

（5）欲：欲就是欲望的意思，即希求的心所。就是对于所喜欢的事物，有所希望和欣求。这有善有恶，善

（善法欲）的可以发菩提心，希望成佛和度众生；恶的可以杀、盗、淫，堕落三恶道。

（6）慧：慧就是简择的意思。简择有简别、抉择、推求三种意义。这是对于所缘之法，简择正邪、善恶的心所对。

（7）念：念就是铭记不忘的意思。就是过去曾经过的境界，在脑子里有了很清楚的印象，而不忘记的心所。

（8）作意：作意就是警觉的意思。就是接触某种境界时，使心生起注意，怀有警觉的意思。

（9）胜解：胜解就是最殊胜，不怀疑的了解或认识。这是心理上对于某种见解能坚定，不被人转变的决定。

（10）三摩地：三摩地是梵语 Samadhi 的音译，为等持的意思。这是令精神集中，专注于一境而不移动的心所，为定的异名。

二、大善地法：这是只有善性的心所，因遍于一切善心故，叫作大。善就是对于此世、他世均有利益的法。这共有十种。

（1）信：信就是认许、澄净的意思。即：信仰三宝、四谛、善恶因果而毫无犹豫之意。它的自体是清净无杂乱、无染污，乃为心理的归趋和热情、力量。如果一个人有了信心，心理即能安定，亦即能清净而发出一种力量了。如经论中所说的“信为道源功德母”，“佛法大海，信为能入”，就是强调这种重要性的。

（2）不放逸：这是专修善法，不放荡的心所，为修善的意思。即是精进与无贪三根的总和合体。

（3）轻安：轻安是安乐的心所。但这种心理必要修定才会有。所以轻安的人，可说已入修定之门。由此修定可以断烦恼得解脱，故属于善法。

（4）舍：这是令心平等，不被外境所动的心所。就是不加一点功用，心理自然能安住寂静的平常心。有了这种心，然后修止观，始能有真正的作用。

（5）惭：惭就是惭耻，是反省自己的自觉能力，为感觉惭耻的心所，这与愧的意义稍有不同。

（6）愧：愧就是抱愧，是依社会的批评力量，感觉对不住人的羞耻，这与惭有共同的作用。因惭是主对自己，愧是主对他人的。

（7）无贪：无贪就是对于世间法中，无论哪一方面，都没有贪着、贪求的心所。

（8）无嗔：就是对痛苦的来源，能了解忍受，对一切环境的恶劣，都能不怨天尤人，不动嗔恨的心所。

（9）不害：能拔除他人的苦恼，不使他人在精神上、生活上、身体上感受痛苦的心所。

（10）勤：勤就是向上进取的心所。即：对善法要修学，对恶法要断除，做事用功，毫不懈怠的精进心。

三、大烦恼地法：大烦恼地法就是遍通于一切的污染心（不善心和有覆无记心）的心所。因为它为烦恼的根本故，叫作大烦恼地法。这共有六种。

（1）痴：痴一名无明，是对一切的真理起颠倒妄想的心所，为轮回的根源。

（2）放逸：不修善法，不怕恶法的放荡纵逸的心所。

（3）懈怠：就是精进的反面。对于善的方面不肯努力修学，对于恶的方面也不肯努力去除的心所。

（4）不信：就是信的反面。即不信真理、不信三宝、不信善恶因果的心所。

（5）昏沉：昏迷、沉醉的心所。因为它提不起精神，成为一种颓萎的状态，故不能修观。

（6）掉举：这是令心高举、轻浮躁动的妄想心。即昏沉的反面。

四、不善地法：这是依一切的不善心而起的心所。为无惭和无愧两种。

（1）无惭：即俗语所谓的无羞耻的心所。是惭耻的反面。

（2）无愧：即俗语所谓的无廉耻的心所。

五、小烦恼地法：小烦恼地法虽与恶、有覆无记的心王相应，但这里只指与第六意识相应的无明（即依大烦恼地法）心所。所以叫作小烦恼。这共有十种。

（1）愤：愤是对自己当前不如意的境界，所发出的一种愤慨心理。如果动了火，可以执物打人，张口骂人。

（2）覆：覆就是盖覆的意思。即：对自己所做的罪恶，遮盖不让他人知道的心所。

（3）悭：悭就是吝悭、吝惜，不肯惠施财、法的意思。

（4）嫉：嫉即嫉妒。即对他人的好事和利益，自己内心不能忍耐，生出妒忌心的心所。

（5）恼：恼就是恼怒。即不听他人的谏诲，自己在苦恼的心所。

（6）害：这是对人类的损恼心。常用种种方法去逼恼他人的心所。

（7）恨：恨是在愤之后所发出的内心结怨。

（8）谄：谄就是谄曲。即“口是心非”的人。有此心理的人一定献媚于人，以博取他人的好感。

（9）诳：诳就是矫诳，无真实的心所。

（10）骄：骄就是骄傲，对于自己的资财、地位等生起骄傲的心所。

六、不定地法：这是不摄在上述五地中的心所法，而无法定其性质的心所。这共有八种。

（1）寻：就是寻求，令心于意言境，粗浅地推度分别的心所。

（2）伺：就是伺察。对于所观的境详细地推度的心所。

（3）睡眠：睡眠本是生理上的精神休息，这里是指昏沉不能明白地缘取境的心所。

（4）恶作：这是不管恶事、善事，都起一种追悔的心所。

（5）贪：贪就是贪欲。即对于一切的顺境所起的一种贪着心。

（6）嗔：嗔就是嗔恚。即对于逆境所起的憎恨心。

（7）慢：慢就是贡高我慢的心理。

（8）疑：疑就是怀疑。即对于一种事理，犹豫不决的心所。

上述的心所一名心相应法，而如影随形跟随心王发生作用，但我人的认识共有六种，究竟如何分配呢？这就如下表，前五识只相应三十二法，第六识才遍所有心所了。但这些心所并非一时地俱起，必须随缘依境而各别发生。今将六位对六识相应的情形列表如下：

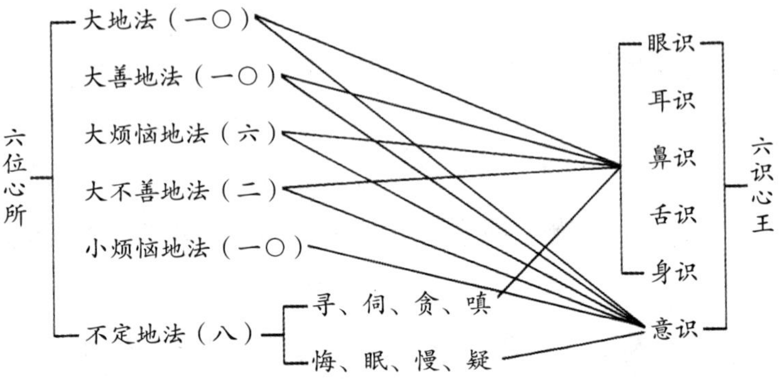

（八）不相应法

不相应法一名不相应行法，具称：非色非心不相应行法。非色是简别非五蕴中的色蕴；非心是简别非五蕴中的识蕴；不相应是简别非五蕴中的受、想二蕴及行蕴中的心所；行摄于五蕴中故，为简别无为而言。可见这是指非心、非色的某种潜势力了。那么为什么叫它是“行”呢？这是因为它，仍有生灭变化，不离有为的因果关系的缘故。这共有十四种（《唯识》说有二十四种）。

（1）得：得与非得是不相应法中，法相最为烦琐的心所，所以自古以来有所谓“得非得之薄霞”的名句，使你无法判明此为何物，而为研究俱舍学的难所。得是一种系属于有情法的力量，例如：观有情界，有智者、愚者、善者、恶者，这究竟是起因于什么呢？《俱舍》由这个立场推断必定有一非色非心的法，在系属有情，所以把它叫作得。不然的话，愚者总是愚者无法转变了。古来把这种力量叫作“得之绳”。但在此要特别注意的就是得的范围。即：得是只限于有情本身（如所谓的智慧、无表业）和无为法中的择灭、非择灭而言，决不适用于非情和他人。例如：书籍、金钱、器具等非情虽然亦可得为己有，但这不名为得，否则，有想、非想的界线就混淆不清了。要之，只要所得之法属于有情的色心才可以名得。得由时间的不同，复分为获和成就二位。获是指：得的时间的初位，如对于从未得过的法；或得了以后在中途舍离，今又想重得；以及得法将现前于未来生相位时，即叫作获。反之，其所得法，从未来相位流至现在住相位，即叫作成就。至此，其所得法才真正系属于我身为我所有。至于相续的期间，即不管长短统统叫作成就。由此可知，获是约时间的前位，成就是约时间的后位而说的了。因能得的得，为所得法的必要对象，故此二法不能脱离关系。不过在时间上有前后之别故，为了易于说明，《俱舍》特将此二法分为四类加以说明。即：一、法前得。二、法后得。三、法俱得。四、非前后俱得。法前得一名牛王引前得，这是在法之前的得，即：能得的得较所得的法先起，且为其向导，有如母牛在前牵引犊子的情形。法后得一名犊子随后得，这是在法之后的得，即：能得的得较所得法后起，而且所得已灭，能得还存，有如犊子在母牛的后面跟随的情形。法俱得一名如影随形得，这是得与法同时存在的得，即：能得、所得同时俱起，如影随形的情形。非前后俱得就是能得、所得均无法分其前后的得，为无为法上的得，盖无为法绝离三世不生不灭故，无法论其前后。对此前三得是对于善、恶、无记的三性和色心的诸法而言。

（2）非得：非得就是所谓的“得非得相翻而立”的得，这正为得的反面故，不属有情色心法以及善恶业，而为一种非物非心法。这亦分为：不获（舍）与不成就二位。不获就是从未舍过而今始舍；或舍过之后复得，今又欲舍；以及非得之法将现前于未来生相位时即叫作不获。反之，非得法从未来生相位流至现在住相位，即叫作不成就。这亦有三种情形。即：一、法前非得。二、非后非得。三、非前后非得。但绝没有所谓法俱非得。盖一切法的现前，必有能得法的缘故。盖“得非得相翻而立”是有部宗法相的铁则，所以有了得，则必须有其所得，不然的话，也就无得无法了，哪里会有所谓法俱非得呢？

关于得、非得的假实问题，有部与经部有很大的出入。经部以为得是假有并非实在。因为凡是色声等法，都可以我人的经验得知，如五根等法，亦可依发识取境的作用推察，但得既无法用经验得知，亦无法用推理察知。

（3）同分：同分与得一样，还是不通于非情，只限于有情而言，这应具说“众同分”，分就是因的意思。是使有情彼此成为同类的原因——力量，这有二种类。一即有情同分；二即法同分。有情同分复有：无差别同分和有差别同分的二类。无差别是使人、狗、猫统统叫作有情而不分差别之意。反之，有差别同分是使有情互相类似的力量，例如：人与人相似，狗与狗相似。法同分通于非情，能使一切法相似的力量，例如：右眼根与左眼根相同，这就是法同分使然的。

（4）命根：命根就是令有情的肉体相续于一期间的势力。即普通所谓的生命、体寿。

（5）无想定：凡夫及外道以为色界第四禅的无想天是真正的涅槃果报。所以修无想定，灭前六心、心所，特别灭想心所。故名无想。但这是不究竟的果报，等到了五百劫，其想复起，于是又堕落三途。

（6）无想事：无想事又叫作无想果、无想有，是修无想定得到的果报，为色界十八天之一（色界第四禅八天的广果天中有无想天）。此天据说有五百劫的寿命，而心、心所皆灭，六识都不起作用。

（7）灭尽定：这与无想定一样，是灭尽心、心所的禅定，但又与无想定不同。修此定的人只求寂静，了知受、想二心所，是一切贪着分别的起源，一切纷争的根本。故灭受、想为主，而修定使六识心所俱灭，令其不生起，故名灭受想定，或灭尽定，而与无想定并称为二无心定。

（8）生：使未起的有为法生于现在位的法。

（9）住：使有为法暂时安住，各行自果的法。

（10）异：使有为法衰变的法。

（11）灭：使有为法迁流于过去的法。

以上四法叫作有为四相。

（12）文：文就是音韵、屈曲的外形姿容、单音。二个连起来的叫作文身。两个以上的复数叫作多文身，身就是积集的意思，即是指合成语。

（13）名：名就是名词人物的称号，是表事物的自性的。如松、竹、花等。两个名叫作名身（如梅花），三名叫作多名身（如梅兰花）。

（14）句：联络两个以上的几个词或短语，以表出完全的事物意义的叫作句。二句连起来的即为句身，三句的即为多句身。

以上的文、名、句是教我们能明了它皆在声上，只不过是表达思想的工具而已。

（九）无为法

无为法就是没有生灭变化离开生、住、异、灭四相的常住法，为就是作为、造作的意思。因为此法没有造作、作为故，叫作无为法。无为法统属法境所摄，意识所缘。这共有三种。

（1）择灭无为：择灭就是择力所得的灭，择力就是简择力的智慧，系指无漏正智而言。就是由于智慧的力量灭去烦恼得到的涅槃理体。所以又叫作离系。离系就是脱离烦恼系缚之意。

（2）非择灭无为：这是不依智慧的简择力所得的灭，是究竟的不生不灭的法体。即所谓“缘缺不生”的法。

（3）虚空无为：虚空无为是以“无碍为性”并名于遍满一切处不为万物生起的障碍的法。虽然万象常在此中生灭，但此空本来就是常住不变——不生不灭，没有增减消长。由这种理由又叫作“无为法”。

（十）三世实有

俱舍宗是根据二经二理主张“三世实有，法体恒存”的法门。就是说，不管有为法、无为法，都恒存于过去、未来、现在三世，绝不会有所间断。二经就是：

《杂含》卷三之："苾刍当知！若过去色非有，多闻圣弟子众，不应于过去色勤修厌舍；以过去色是有故，多闻圣弟子众，应于过去色，勤修厌舍。若未来非有，多闻圣弟子众，不应于未来色勤断欣求；以未来色是有故，多应于未来色勤断欣求。"文和同卷八之："识由二缘生，其二者何？谓：眼闻圣弟子众，及色，广说乃至意及诸法。"

二理就是：有境理和有果理。有境理是：心法的生起，必须要有所缘境，然在六识中，意识遍缘三世故，三世必为实有，若不然，则意识亦无了。既有意识，应有三世，故过去法为实存。当然这是把上叙的经证理论化的。有果理是：凡是有了过去业，即能招感未来的果报，这是业感缘起的必然法则。若说过去业非实有，即不应有未来果了。因异熟的因果并非俱时并存故，其因必为过去的实有。故知过去业为实有。果如这样，那么三世的名称由何而来呢？这《俱舍》则以四法来说明。即：

（1）类不同：这是法救之说。他说：三世不过是种类的不同，根本不含有三世的不同。假使法变为未来的种类，即叫作未来法；变为现在的种类，即叫现在法；变为过去的种类，即叫作过去法。

（2）相不同：这是妙音之说。他说：如果法与未来相和合，即名未来法；与现在相和合，即名现在法；与过去相和合，即名过去法。

（3）位不同：这是世友之说。他说：如果法未作用时，即名未来；正在作用时，即名现在；已作用时，即名过去。所以三世是依法的作用位而定，并非法本身有三世之别。

（4）待不同：这是觉天之说。他说：三世的分别是由比较而定。例如：把先者比较后者，把后者比较先者，就有三世的不同观念。

在此四说中，俱舍宗是以第三的世友说为正义的。因为诸法，虽然本来就恒存于宇宙间，但如果未真正发生作用，当然是属于未来法；如果已正式开始作用，这当然是属于现在法；以此类推，若既已完结作用并已不再发生作用，当然是叫作过去法了。这不管现在法、未来法、过去法，它的本体却是存在而不遗失的。

（十一）本相、随相

如果一切诸法如上所述恒存于三世，而不过是因作用——位的不同而有分别的话，那么位的差别又是什么呢？关于这，《俱舍》立了本相和随相二种来说明。在诸法中无为法是不生不灭的，所以单就有为法来解释。能使一切有为法发生作用的，不外就是上述不相应行法中的生、住、异、灭等四相。即：令法入于现在位的是生相；令法住于现在位发生作用的是住相；令其作用衰变的是异相；令其作用舍离的是灭相。可知：一切有为法杂然存在于未来，只依四相的作用，也可以入现在位，也可以由现在位移至于过去位了。但能令它生、住、异、灭的是什么力量呢？这就是随相了。随相一名叫作小相，这是使上述的四相（本相，一名大相）更能生、住、异、灭的力量。所以叫作：生生相、住住相、异异相、灭灭相。总之四本相虽然彼此能使他法发生作用，但对本身就不然了。必须要有四随相的力量方成。就是说，生生相“生”生相；住住相“住”住相；异异相“异”异相；灭灭相“灭”灭相。那么再使四随相生灭的是什么呢？这就是四本相的作用。因此《俱舍》不再立四随相来加以说明。如上述本相各自作用于其余的八法（本法和其余的三本相以及四随相），随相则只作用于各各之本相中的一部分，这种情形叫作：“九法俱起，八一有用。”因诸法的生、住、异、灭不过是一刹那间的作用，所以若要生出有为法，法的本体必然地要与四本相以及四随相俱生才能发生生灭的作用。详如下表：

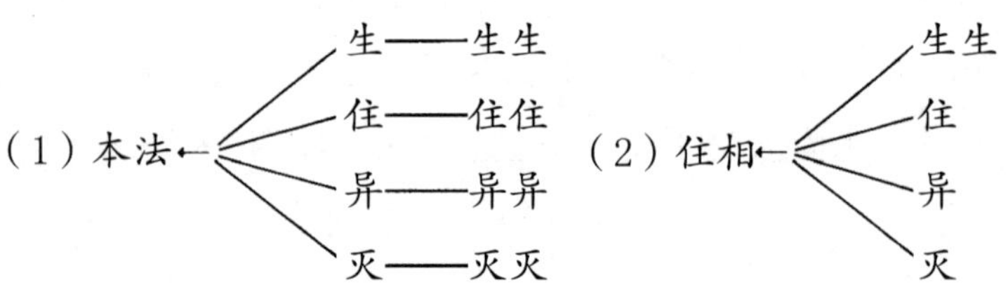

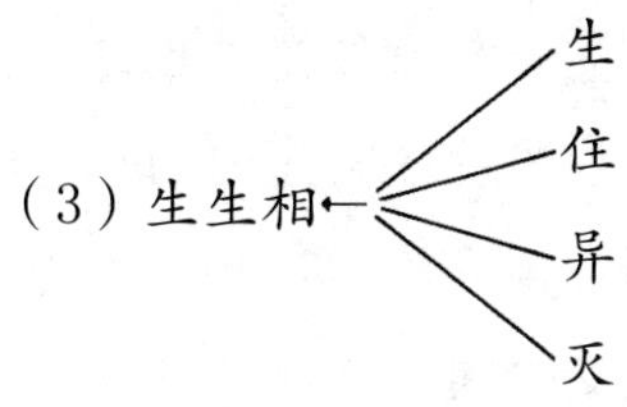

(十二) 六因、四缘、五果

如上所述一切有为法，是依四相的作用，刹那生灭相续的，因此叫作刹那生灭法。但这种生灭法并非偶然可以产生，而必须有相当的原因。佛教把这种原因分为“因”和“缘”两种。因就是对于结果而说的直接原因；缘就是指间接的原因。因为这两种都是一切诸法生灭的原因，故通常以因缘来称呼它。此中又有亲因缘和疏因缘之分。亲因缘就是所谓的“因”；疏因缘就是所谓的“缘”。《俱舍》即把“因”分为六种，把“缘”分为四种，把果分为五种，而叫作六因、四缘、五果。

一、六因就是：能作因、俱有因、同类因、相应因、遍行因、异熟因。

（1）能作因：对于结果能为因、为缘的就是能作因。所以它包含一切的原因。若把因分为六种，则不包含其他的五因了。能作因又有“有力”和“无力”的二种区别。有力能作因就是直接地帮助结果的力量；无力能作因就是对于结果没有丝毫的助缘，但也不障碍其生起，故被视为间接的助缘，而列为一种因。

（2）俱有因：俱有因是因果同时互相为因为果的力量，例如说，三支枪组立起来成为一架时，其甲枪即为乙、丙枪能立的因；甲、乙的能力，也是仗丙枪的因，这种互相为因为果的即是俱有因。这一名“互（相）为果俱有因”。如三枪的成为一架互相为因成为一果的，即名俱有因，或说“同一果俱有因”。

（3）同类因：前念的因对于后念的果，如果是同一种类的法，即名为同类因。例如说，前念的善性法生起后念的善性法。这前念的法，对于后念的法，当然是同类因。

（4）相应因：这是根据心、心所的作用所立的因。就是说，心王和心所相应于所依、所缘、行相、时、事的五义，缘一境的时候，这种心王和心所的互相相应，即名为相应因。这与前项的俱有因同样为同时的因。

（5）遍行因：遍一切的杂染法，而能生起烦恼的原因，即名为遍行因。这又叫作十一遍行惑（即迷于苦谛的身见、边见、邪见、见取见、戒禁取见、疑、无明和迷于集谛的邪见、见取见、疑、无明）。这虽然可以说与前项之同类因同样，但又是特别有力的烦恼，故别立。

（6）异熟因：即成熟与因不同性质的结果的原因，

这是对我人的善恶业而说的。善恶的业因有时到未来，是可以引生无记果的。所以对于无记果，善恶业叫作异熟因，或说“因是善恶，果是无记”。

总之，因虽有多种，但总不出因果同时的因和因果异时的因二类。同时的因是空间的因，指诸法的相依相托；异时的因是时间的因，指诸法的相续继起。六因中，俱有、相应二因是同时因，同类、遍行、异熟三因为异时因。至于能作因则涉及二面。详如下表：

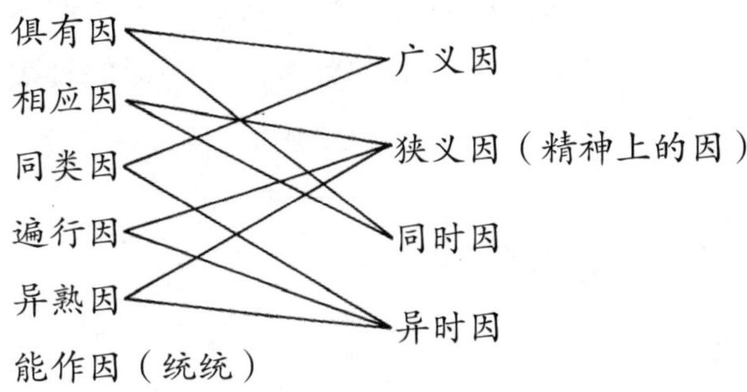

二、四缘就是：因缘、等无间缘、所缘缘、增上缘。

（1）因缘：在因和缘之中属于因的一切原因都摄在此中。因即是缘的意思。因与缘佛陀不曾有严格的定义。但从相对的差别说，因约特性，缘约力用说。又因是主要的，缘是指一般的。在六因中之后五因即属此。

（2）等无间缘：这是就心、心所而说的。就是当前念之心、心所将消散时会生起后念之心、心所的缘——

前念的心、心所即叫作等无间缘。等就是前念和后念的体，等流的意思。无间即是前念和后念没有间断之意。

（3）所缘缘：这唯为心法所有的缘。就是说，意识虽然必须有其对象，但其对象复为意识的所缘又生起意识的缘。因其所缘还是一种缘，所以名为所缘缘。

（4）增上缘：即增上果的缘，在能作因中除掉等无间缘和所缘缘两种以外的缘。

六因是就因的分类而言的。所以详举了因的种类——（后）五因，此时缘即摄于能作因中。四缘和六因同样，是就缘的分类而言的，所以详举缘的种类——（后）三缘，此时因即被摄于因缘中，其关系如下：

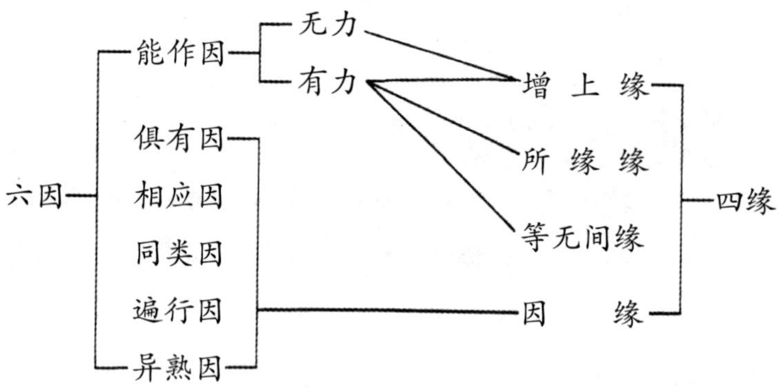

三、依上述的六因、四缘所生的结果就是所谓的五果。即：增上果、士用果、等流果、异熟果、离系果。

（1）增上果：增上果就是由于增上力生起的结果。

是对能作因而言的。

（2）士用果：这是由士夫（即人）的动作（作用）所成的结果。如商人的买卖、农人的稼穑所得到的报酬。这是对俱有因和相应因的结果。

（3）等流果：与因等流的结果，即对同类因和遍行因的结果。

（4）异熟果：依善恶的业因引起的无记果，即是异熟的果。

（5）离系果：离有漏法的系缚而生起的结果，即指择灭——涅槃果。涅槃是不生不灭的无为法，本来不应名为因或果，但若由断灭烦恼的立场可勉强赋予因果的假名，说它系一种离系果。

增上、士用、等流、异熟四果是属于有为果故，可以对立六因、四缘来加以说明，但离系果是为无为法故，没有对立的因可以说明。六因、四缘、五果的关系如下：

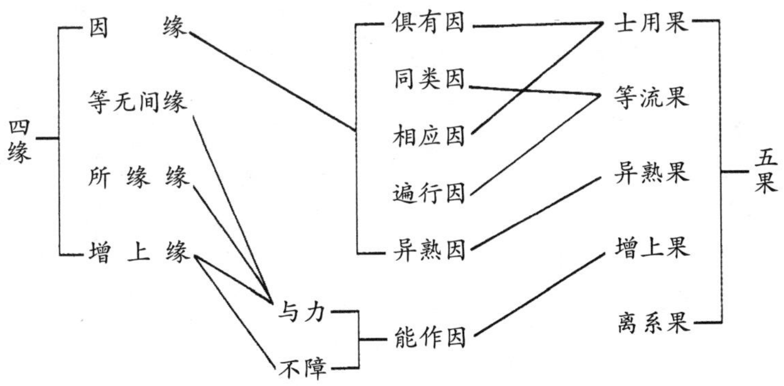

综上所述，一切有为法的生起，均可摄于六因、四缘中来说明。即：色法依因缘、增上二缘；心王遍依四缘；不相应法的无想、灭尽二定依因缘、等无间、增上三缘；不相应法依因缘、增上二缘。又诸法的生起若约于三世来说，有只取现在果，有遍取三世果，有取二世果之分。详如下表：

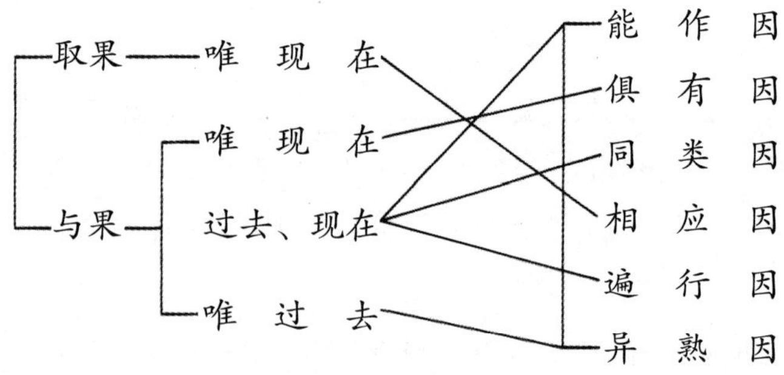

三、转生论

（一）世界的形相

我人所处的境界虽然千头万绪无法确知其底细为何，但可大别为迷、悟二类。此中我人居住的世界当然属于迷界了。迷界复可分为有情世间与器世间的二类。世是迁流、可毁义，指：迁流于三世可以毁坏的所在。间是间差义，指差别的境界。有情世间就是指：由五蕴假和合的有情本身，为有情的正报。器世间是正报的有情所居的地方——世界，为有情的依报。现在先述依报的器世间。器世间就是我人轮回转生的地方，这共有三类。即：一为欲界，二为色界，三为无色界。这总称为三界，或三有。有就是：令迷妄的因果不亡之意。欲界就是指：欲所属的境界，为贪欲、淫欲、睡眠等爱欲；色界就是指：色所属的境界，为变坏、示现义；无色界就是指：无色所属的境界，为非色的法体。换句话说，欲界就是有诸欲的地方，色界是有净妙色法的地方，无色界是无色法的地方。据“顺正理论”说，三界的定义如下：“若界有色而无定者，是名欲界；若界有色亦有定者，是名色界；若界无色而有定者，是名无色界。或界有欲境者，是名欲界；若界有色无欲境者，是名色界；若界俱无，是名无色界。”可见欲界是有色无定，无色界是有定无色，色界是色定俱有的境界了。又欲界无定故，叫作散地；色、无色界有定故，叫作定地。当然这是指生得定的定心而言。定地中，无色界是定多慧少，色界是定慧均等故，一名静虑。静为定，虑为慧义。若把无色界分为四地，即共有三界九地。详如下表：

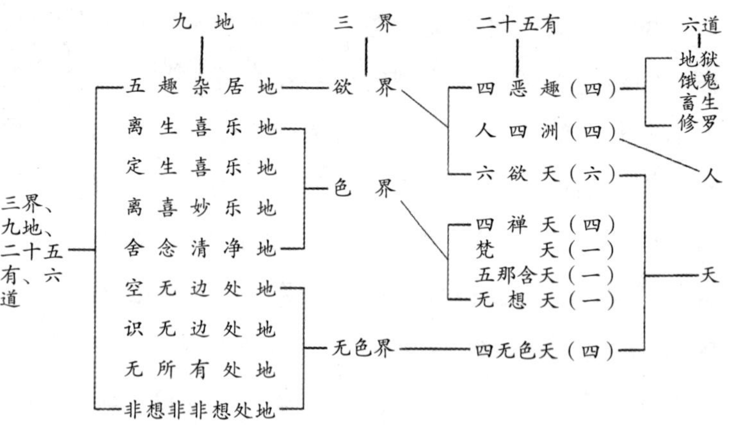

在这里有问题的是无色界。因为此界既然无色，哪里还有方所（四地）之分呢？关于这，《俱舍》说，这不过是对于异熟生的果报——命根和众同分的胜劣说的区别而已，并非真有其方所。那么，无色界的有情，既然没有色身，其心法由何相续呢？关于这，有部仍说是由于命根和众同分的缘故。不过，对此部派的意见出入很多，有的主张无色界仍有微细的色身。例如：大众部、化地部都做此主张。

依《俱舍论》说，我人所住的世界，中央有一须弥山（Sumeru）新译作苏迷卢山，译为妙高山、妙光山，其四周均以海围绕，此山耸出水面八万由旬，深入水底亦八万由旬，它的宽有四万由旬，其周围又以山围绕着，山的外围又是海，海外又是山，如此共成九山八海。九山即：须弥山、持双山、持轴山、担木山、善见山、马耳山、象鼻山、持边山、铁围山。内部的七海都为八功德水所成，只其最外边的海为咸水所成。此第八的持边山和第九的铁围山之间的海洋，四方有四大洲名为须弥四洲（一名人四洲），东边的叫作东胜神洲（毗提诃），人寿二百五十岁；南边的叫作南赡部洲，人寿不定，劫初与劫末为十岁；西边的叫作西牛贺洲（瞿陀尼），人寿五百岁；北边的叫作北俱芦洲，人寿千岁。我们居住的世界，即为南赡部洲——阎浮提，有日月星辰悬挂于空中，绕转须弥山的周围。

这样的世界集合一千个的叫作小千世界，小千世界集合千个即叫作中千世界，中千世界集合千个即叫作大千世界。因为此大千世界有小、中、大三类故，叫作三千大千世界。如此的三千大千世界无量无边而存在于上下、四方，因此佛教说世界是无量无边。

由旬是印度计算里程的数目，为军队一日的行军路程，大约等于七点五公里。

（二）三界六道

有情的境遇——迷界一名叫作六趣或六道。即地狱、饿鬼、畜生、阿修罗、人间、天上。

（1）地狱：地狱梵语叫作那落迦或泥黎（Naraka），译为受苦处。英语译为：hell，位于阎浮提的地下五千由旬至二万由旬之间。最下的地狱叫作无间（阿鼻旨）地狱，其上面次第成层为极热地狱、炎热地狱、大号叫地狱、号叫地狱、众合地狱、黑绳地狱、等活地狱。这叫作八热地狱。另外还有八寒地狱：额部陀（疱）地狱、尼赖部陀（疱裂）地狱、頞哳吒地狱、臛臛婆地狱、虎虎婆地狱、嗢钵罗地狱、钵特摩地狱、摩诃钵特摩地狱。这些都为恶人所生的所在，故不断地在受苦。

此外八热地狱的四门又各有四个小地狱以及孤独地狱等总共有一百三十六个地狱。

（2）饿鬼：饿鬼梵语叫作薛黎哆（Preta）。这是常不得食物受饥的众生。本来 Preta 没有饿义，只为鬼或幽灵之意，但因此趣常不得食物故，古人译时加了饿字。英语译为 dead person, the spirit of a dead person。这有很多不同的种类，依普通说，有福德鬼和无财鬼，但均为悭贪的恶人所堕的地方。本处位于地下五百由旬的阎魔王国，此外又有杂居于地狱、阿修罗、人间、四天王、忉利天等各处的。

（3）傍生：梵语叫作底栗车（Tiryag-yoni），旧译作畜生，即所谓的动物。因为它们的身体都为横形旁行故，叫作傍生。为性恶愚痴者堕落的境界，杂居于大海、陆上、空中等各处。

（4）阿修罗：阿修罗是梵语 Asura 的音译，译为非天。此趣的果报虽然较前三趣殊胜，而邻接于天部，但因无天的德分，故叫作非天。大都居住于海底、海岸，或须弥山的半腹。此趣的果报较胜者被摄于人或天界，其劣者即被摄于饿鬼或傍生。因此，经中有时除去叫作五趣或五道。阿修罗的种类极多，所谓的天龙八部多属此趣，例如：龙（Nāga）、夜叉（Yakṣa）、乾闼婆（Gandharva）、迦楼罗（Garuḍa）、紧那罗（Kiṃnara）、摩睺罗伽（Mahoraga）、鸠槃荼（Kumbhanda）等都属此类。

（5）人间：梵语叫作摩奴阇（Manuṣya），即我人人类的总称，位于须弥山的四洲，因四洲的果报各各不同故，其所受苦乐亦不同。英语的man，也许由此转化而来。

（6）天上：梵语为提婆（Deva），译为天，天就是胜妙的意思。因为此天在六趣中果报最胜，故叫作天，这有六欲天、色界四禅天、无色界四天三种。色界四禅天的初三禅天各有三天，第四禅天有九天。但有部宗在初禅天中不别立大梵天，在第四禅天中把无想天摄于广果天，所以色界共为十六天。六欲天和四天王天居于须弥山的半腹，忉利天住于山顶，其他的四欲天及色界诸天即成层遥居于须弥山顶的空中，无色界诸天因无色体故住处不定。四天王天和忉利天叫作地居天，以上的诸天叫作空居天。

上述的六趣中，自最初的地狱至天上六欲天的有情，都不能离淫、食、眠三欲故，叫作欲界；四禅天因脱离三欲依正二报较净妙故，叫作色界；最后的四天既离一切色相只有心识故，叫作无色界。这欲、色、无色叫作三界。诸趣的寿命如下：

（1）人间五十岁为四天王一昼夜（四天王寿命五百

岁），四天王五百岁为等活地狱一昼夜（等活地狱寿命五百岁）。

（2）人间百岁为忉利天一昼夜（忉利天寿命千岁），忉利天千岁为黑绳地狱一昼夜（黑绳地狱寿命千岁）。

（3）人间二百岁为夜摩天一昼夜（夜摩天寿命二千岁），夜摩天二千岁为众合地狱一昼夜（众合地狱寿命二千岁）。

（4）人间四百岁为兜率天一昼夜（兜率天寿命四千岁），兜率天四千岁为号叫地狱一昼夜（号叫地狱寿命四千岁）。

（5）人间八百岁为化乐天一昼夜（化乐天寿命八千岁），化乐天八千岁为大号叫地狱一昼夜（大号叫地狱寿命八千岁）。

（6）人间一千六百岁为他化自在天一昼夜（他化自在天寿命一万六千岁），他化自在天一万六千岁为炎热地狱一昼夜（炎热地狱寿命一万六千岁）。

（7）极热地狱寿命半中劫，无间地狱寿命一中劫。以此推算等活地狱，若以人寿计算即为一兆六千六百五十三亿一千二百五十万岁，可见其受苦的时间如何之长了。

诸天的寿命如下：

天　　名	天人寿量	人类年代
四天王天	五　百　岁	9,125,000
忉　利　天	一　千　岁	18,250,000
夜　摩　天	二　千　岁	36,500,000
兜　率　天	四　千　岁	73,000,000
化　乐　天	八　千　岁	146,000,000
他　化　天	一万六千岁	292,000,000

总之，佛陀为理智的道德的宗教家，他有他的中心工作，所以上述的世界观有些与现在的科学、天文、地理有所出入，但我们要知道佛陀的这种安立，大抵是引用时代的传统，从不违现代世俗的立场，接受或否定他，但绝不可牵强附会了事，这是我们要特别注意的。

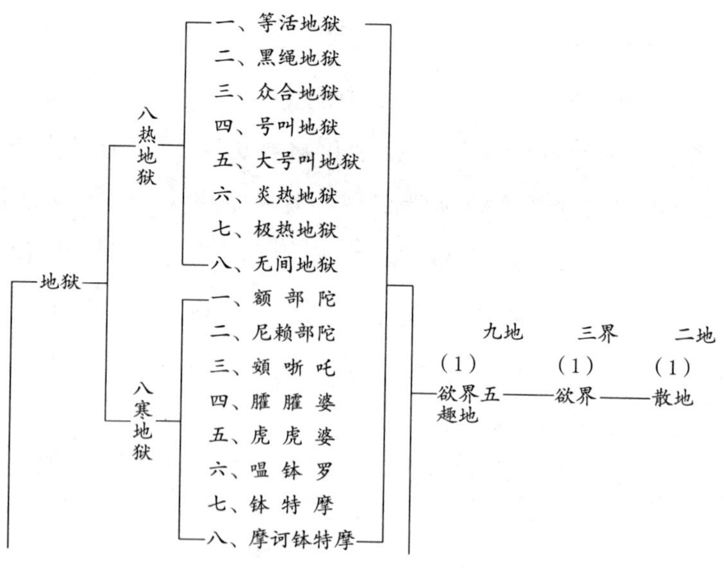

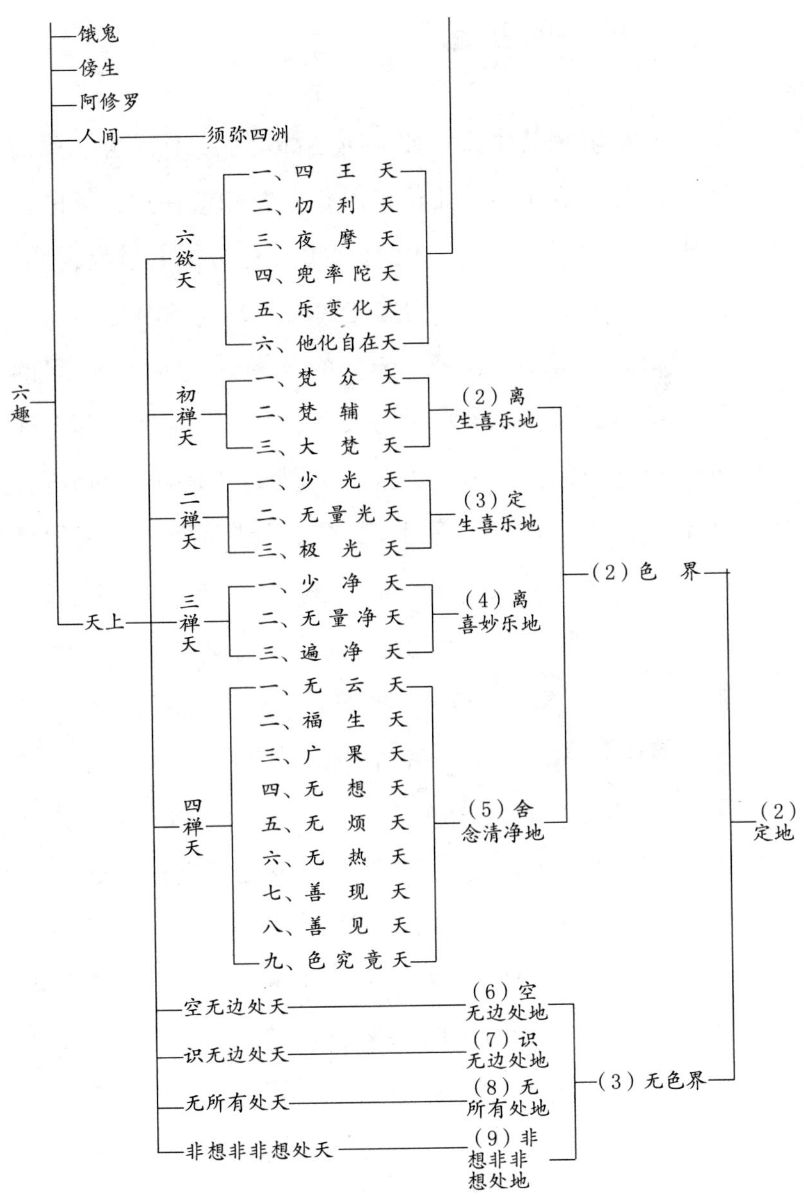
饿鬼
傍生
阿修罗
人间
须弥四洲
六趣
天上
六欲天
一、四王天
二、忉利天
三、夜摩天
四、兜率陀天
五、乐变化天
六、他化自在天
初禅天
一、梵众天
二、梵辅天
三、大梵天
(2)离生喜乐地
二禅天
一、少光天
二、无量光天
三、极光天
(3)定生喜乐地
三禅天
一、少净天
二、无量净天
三、遍净天
(4)离喜妙乐地
四禅天
一、无云天
二、福生天
三、广果天
四、无想天
五、无烦天
六、无热天
七、善现天
八、善见天
九、色究竟天
(5)舍念清净地
(2)色界
(2)定地
空无边处天
(6)空无边处地
识无边处天
(7)识无边处地
无所有处天
(8)无所有处地
非想非非想处天
(9)非想非非想处地
(3)无色界

（三）世界的变迁

一切诸法的生灭，如上所述都依生、住、异、灭的四相，刹那地在生灭变化，但我们要知道在这生灭的相续中，又有很多变迁。现先就我人所居住的世界说明。在未讨论正题之前，我们应先明白“劫”的时量。

劫是梵语劫波（Kalpa）的简称，为印度时间的最长单位，译为长时、时分、大时、分别时节等。即不可测量的无量时节的意思。当然劫体是众生的五蕴，这不过是在五蕴的迁流上假立的时间而已。时间的最小单位，即为刹那（Kṣaṇa），等于〇点〇一三三秒。一百二十刹那叫作一怛刹那，等于一点六秒，六十怛刹那为一腊缚，等于一分三十六秒，三十腊缚为一牟呼栗多，等于四十八分，三十牟呼栗多为一昼夜，三十昼夜为一月，十二月为一年。劫有芥子劫、磐石劫（拂石劫）、人寿劫等多类，但普通都用芥子劫与磐石劫。芥子劫是：有一四十里立方的城郭，装满了芥子，而由长寿天人每三年来取去一粒，一直把此中的芥子取光的时间。槃石劫是：有一四十里立方的磐石，仍由长寿天人以细软的罗衣每三年拂拭一次，直到磐石被磨灭的时间。这复有大劫、中劫、小劫三劫之分。如上述的四十里立方的城、石，即为小劫，六十里立方即为中劫，八十里立方即为大劫。普通都用小劫的多。这复有三种分别，例如就住劫来说，人寿自无量数减至八万岁的时间为住劫，以后再渐次减至十岁（定命）为一小劫。以后再自十岁，每经百年增加一岁一直增至八万岁，又自八万岁每经百年减少一岁至定命的十岁为一小劫。即：第一小劫只有减无增，二小劫各增减一次。如此自第三小劫至第十九小劫，仍同样各增减一次，至最后的第二十小劫，才只有增无减，返回到八万岁为止。人寿的减少叫减劫，增加叫增劫。所以第一小劫为减劫，第二十小劫为增劫，中间的十八小劫通为增减劫。但其时间却相等。可见人寿的一增减，即一小劫的时间总共有一千五百九十万八千年，因二十小劫为一中劫故，一中劫的时间为三亿一千九百九十六万年，四中劫为一大劫故，一大劫的时间为十二亿七千九百八十四万年了。这就是一世界的构成至破坏的时间。其情形如下表：

空劫	坏劫	人寿八万岁　住劫	人寿无量岁　成劫
		20　19　……　2　1	
		人寿十岁	

关于我们居住的世界可分为四期，就是：成、住、坏、空四劫（成、坏、空三劫的时间可准住劫类推）。成劫就是世界将成立的期间；住劫是成劫（即世界完全凝成）后至坏劫前所持续的期间；坏劫就是世界开始坏灭至完全灭尽的期间；空劫就是自坏灭后至完全归于空无的期间。上述各劫的期间，分为二十期，即二十小劫。二十小劫合一中劫，四中劫合一大劫，故一大劫有八十小劫。就是说，我们的世界在此一大劫中，经过成、住、坏、空的四阶段，而无限地在生灭相续。其四劫成立的情况如下：

最初世界开始凝成的时候（成劫），由于有情的业

（增上力）力，空轮中渐生微风，次即转增成为风轮。其宽相等于大千世界，厚度有十六亿由旬。然后在此风轮上起了大雨成为深度十一亿二万由旬的水轮。这时另有别风抟击水轮使它凝结成为金轮，金轮的厚度有三亿二万由旬，一熟乳上薄膜。在金轮上又起了大风雨引起大水涛，把一部分冲成山岳，一部分即变为海洋，终成九山八海，这种世界的成立期间叫作一劫。一俟世界成立后，即有情的发生。即：在地盘上生长草木、禽兽、虫鱼之类。此中，有情从色界第二禅极光天降生到大梵天，经六欲、人趣……渐次降生到地狱，于地狱中生一有情时即为成劫的终止。所以有情的发生须经十九劫的时间，以后即入住劫。

住劫的时间已如上述，自无量的人寿至最后的增劫，共需十二亿七千九百八十四万年。此中器世间虽然没有什么变异，但有情的果报有种种不同。即：劫初的人寿比较长，肢体亦秀美，以后渐次短命，容姿亦短，日益丑恶，到了人寿十岁，就发生刀兵、疾病、饥馑等三灾，蒙受苦恼，这叫作小三灾。其饥馑的期间为：七年七月七日；疾病的期间为：七月七日；刀兵的期间为：七日。至此有情才觉醒，又尊重道德，慢慢地再复原，人寿亦渐次增加，直到八万岁为止。住劫的中间共有千佛的出世。这叫作贤劫。释迦佛就是贤劫中的一佛，所以现在为住劫。据云：佛的出世均在减劫中，因这时的众生比较凶恶难化的缘故。例如世尊就是于八万岁减至百岁时的减劫中出世的。

次住劫之后，即入坏劫，在地狱中连一有情都不生的时候，即由饿鬼、傍生、人、天等渐次坏灭至第三禅天。在地狱、饿鬼、傍生三趣中的有情，如果其业力未完结者，即依其业力引生至他方世界的三趣中。但人趣和欲界诸天的有情，即渐次上生于初禅天，初禅天的有情也由初禅天上生于第二禅天，第二禅天的有情即至第三禅天，第三禅天的有情即上生第四禅天，这种期间须经过十九劫。如此第三禅天以下的有情灭尽后，于最后的一劫世界即开始坏灭。关于世界坏灭的状况大体有三种情形。即：一为火灾；二为水灾；三为风灾。这就是所谓的“大”的“三灾”。此三灾发生的顺序，自有一定的规律。即初以火灾坏灭七回后再以水灾坏灭一回。如此以火灾七回，水灾一回的反复经七次后，再以火灾坏灭七回，最后即以风灾坏灭殆尽。换句话说，总共经火灾五十六回、水灾七回、风灾一回。这叫作六十四转劫。此中火灾时坏欲界至初禅天，水灾时坏第二禅天，风灾时坏第三禅天，第四禅天以上是属无色界故，不蒙三灾的破坏。所以于火灾之后的成劫，有情初自第二禅天下生，于水灾之后的成劫即自第三禅天下生，于风灾之后的成劫即自第四禅天下生。

空劫是把所有的万有灭尽至寸草不留的期间，这与其他的三劫同样定为二十劫。此空劫的二十劫后，再入前之成劫。世间就是这样不停地在生灭相续。

总之，佛教是以空、风、水、金四轮，说明这世界的成立，取着圆形而旋转运动的，与近世的科学并没有什么严重的矛盾，是值得我们研究的！今将以上所述详列表如下：

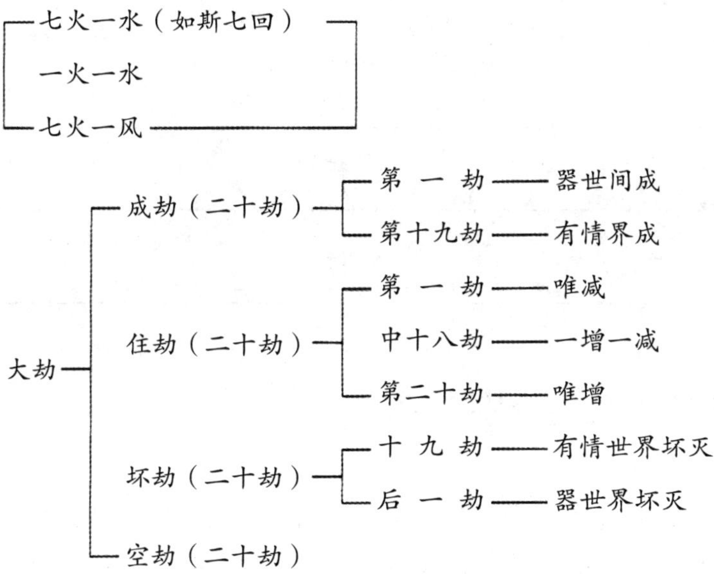

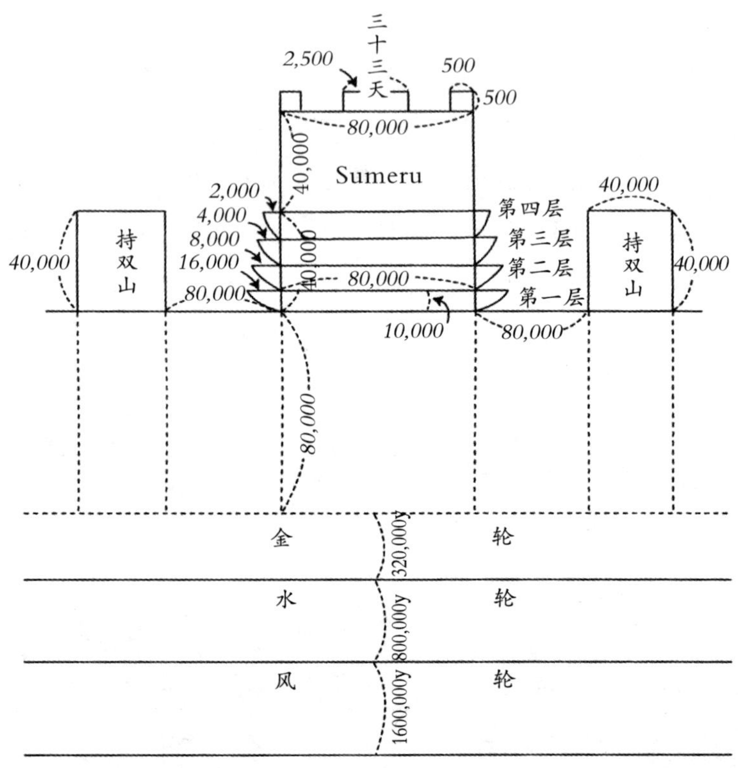

（四）义门分别

万有的分类既然有五位七十五法以及三科的分类，那么，它的性质，以及作用究竟为何呢？关于这，《俱舍》由综合的立场把它分为：三性、界系、漏无漏、三断、常无常、根非根等二十二门来说明。就是说，在七十五法中到底哪一法属于善性，哪一法属于恶性，哪一法属于无记性，哪一法属于遍通三性，这种分类就是属于三性门的分别。若就哪一法属于根，哪一法不属于根的分类，即为根非根门的分别。如此，《俱舍》由二十二种角度观察七十五法每一法的义门。由此可见俱舍学风的严密如何了。因二十二门过于烦琐故，今仅就比较重要的三性、漏无漏、界系、根非根四种来简说。

一、三性分别

三性的分别是道德上的分类，为善、恶、无记。其性属下如表：

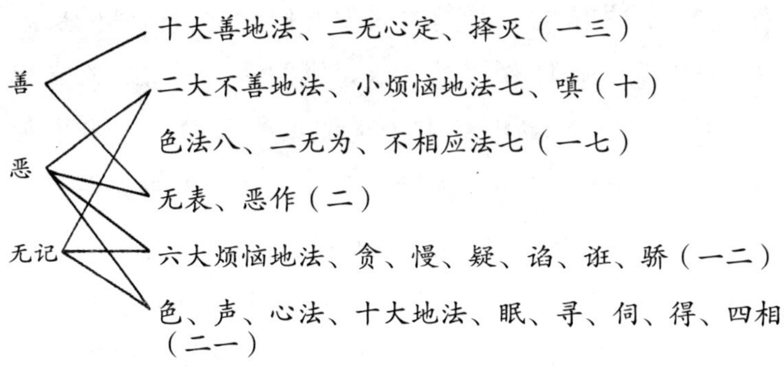

据“光记”的记载三性可分为十五类，即：七种善和七种无记与不善。七种善就是先把善大别为有漏、无漏，然后在有漏善再分出生得和加行，加行善再分为

闻、思、修。无漏善即分出有为与无为，然后无漏有为分为学与无学，而以无漏无为为胜义善。详如下表：

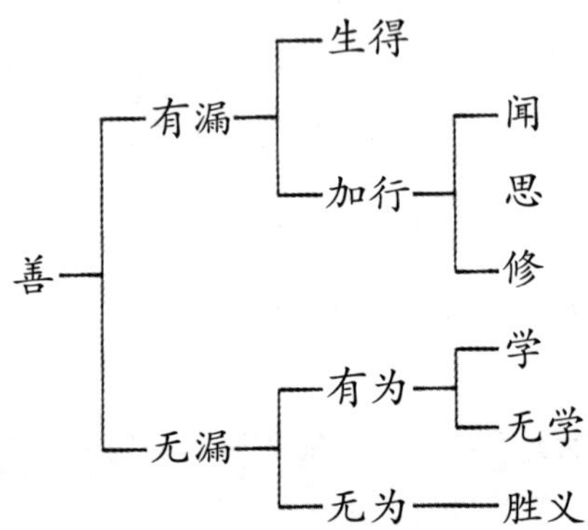

有漏善是见道以前的凡夫所起的善，反之，无漏善是见道以后的圣者所起的善。有漏善中的生得善是生来就具足的先天善，加行善是发心修行后所得到的后天善。闻、思、修叫作三慧，这是由闻法、思维、修定得到的修慧。无漏善中的有为无漏虽为无漏，但有生灭故，复分有学位所起与无学位所起二种。无为无漏是择灭无为的涅槃，一名胜义善。胜义是指常善的实体。

七种无记就是先把无记大别为有覆与无覆，然后把无覆无记分为有为与无为，有为无记分为异熟、威仪、工巧、通果、自性，而以无为无记为胜义无记。详如下表：

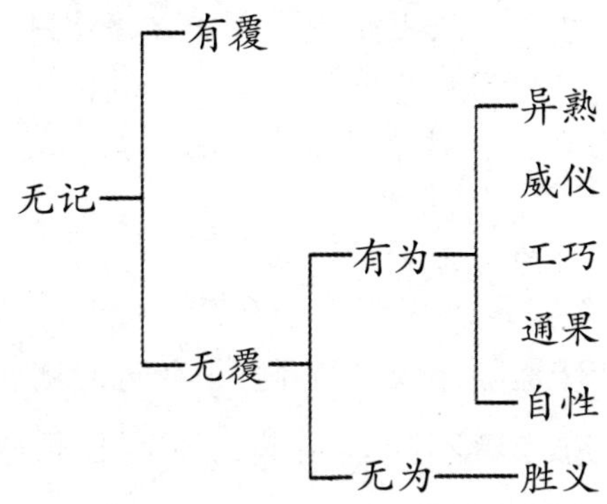

异熟无记是前业所感的异熟果报，是力量最弱的。威仪无记一名威仪路心，为指：起、行、住、坐、卧的威仪的心所。路是指：威仪所依的色、香、味、触四尘。工巧无记一名处心，是由于熟练所得的心法，例如：顺自然而契法的雕刻、咏歌等。处与上述的路同义。通果无记是由于色界的定力起神通自在的作用心。自性无记是非情的色、香、味、触。胜义无记是非择灭无为与虚空无为。

二、漏、无漏与界系

（一）漏无漏——漏、无漏是以迷、悟为准的分类，这是对四圣谛而言的。即有漏为苦、集二谛，无漏为灭、道二谛。其分别如下：

有漏 —— 色法十、六大烦恼、二大不善、十小烦恼、不定六、不相应九（四三）

无表、心法、十大地法、寻、伺、得、四相（一九）

无漏 —— 三无为（三）

有漏的有是随增义，为随顺烦恼，增长烦恼的意思。因灭、道二谛不随顺烦恼，不增长烦恼故叫作无漏。此中，若把心法分为七心界，则前五识唯有漏，不通无漏。这有部说："前十五界唯名有漏。"前十五界就是：前五根、前五境、前五识。这与大众部和大乘的说法不同。

（二）界系——界就是欲界、色界、无色界，若把它细分即为：合欲界散地为一地，色界四禅四地，无色界四定四地，总共有九地。系为系属义，就是被缚的意思。七十五法中三无为法不属于三界故，系属于三界的仅为七十二法。在七十二种有为法中，色法的五根和色、声、触三境以及无表色是通系于欲、色二界，香、味二境只属欲界。无色界无色法故无界系。心法中眼、耳、身三识虽然属于欲界和初禅，但鼻、舌两识即系通于三界。这叫作"眼、耳、身识二界二地，鼻、舌两识一界一地，二禅以上五识皆无"。心所中，大地法和大善地法、大烦恼地法通于三界，但大不善地法只通于欲界。小烦恼地法中，愤、覆、悭、嫉、恼、害、恨七法只系于欲界，谄、诳二法通于欲界和初禅，只有骄法通于三界。不定法中的寻、伺二法虽通于欲界和初禅，但恶作、睡眠、嗔三法，即为欲界系。贪、慢、疑三法悉通于三界。不相应法中，得、非得、众同分、命根及生、住、异、灭八法皆通于三界，无想定、无想果二法只通于第四禅，灭尽定只通于有顶地。名、句、文三法，如果是随语系即通于欲界和初禅，如果是随身系即属于欲界和四禅。详如下表：

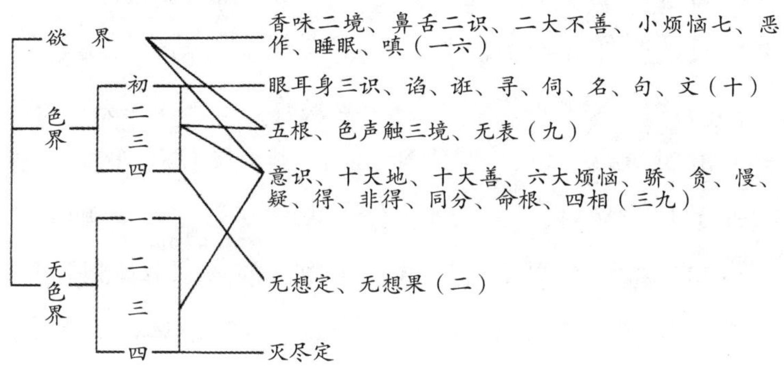

三、根、非根

根是发生作用的主体，这虽有很多，但可要约于二十二根来说明。根就是：“最胜、自在、光显名根，由此总成根增上义。”（《俱舍论》卷三）二十二根的区别可要约于流转、还灭二门来说。详如下表：

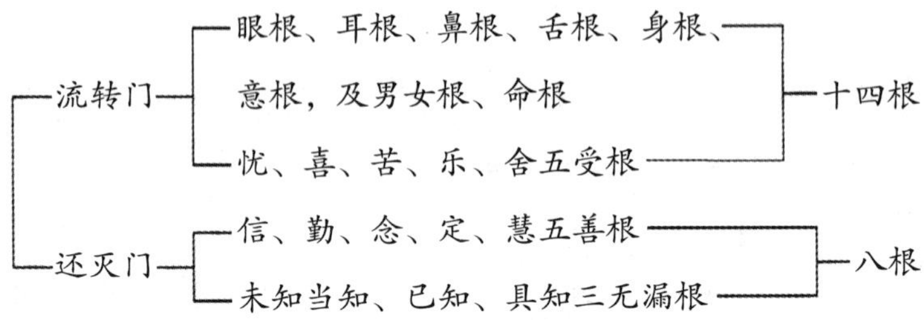

依有部说，眼等五根对于庄严身、导养身、生识、不共事等四事最为殊胜，且作用亦强。例如：五根不全，即为残废者，哪能庄严身相呢？又如：眼、耳二根能警告我人不堕落险境，鼻、舌、身三根能饮食食物善养色身故叫作导养身。我人的了别外境，无非就是靠前五识的作用故叫作生识。不共事是指：五根都能各自缘自己的对境——色、声、香、味、触，其作用殊胜，故叫作不共。又男、女二根是分别男、女相，有显著的作用故叫作根。命根是持续过去、现在的众同分殊胜故叫作根。意根相应有情的死有、中有、生有、本有轮转而跟随不断，其作用殊胜，且为一切的根本，摄取一切法故叫作根。忧、喜、苦、乐、舍等五受根能增长染污法，其作用殊胜故叫作根。即：喜、乐二受于可爱境增长贪，忧、苦二受于不可爱境增长嗔，舍受于中容性增长痴。信、勤等五善根能增长无漏清净法故叫作根。此中信、勤二法属大善地法，念、定、慧三法属大地法。

未知当知、已知、具知等三无漏根以上述的意、乐、喜、舍、信、勤、念、定、慧等九根为体，若在见道位即为未知当知根，若在修道位即为已知根，若在无学道位即为具知根。

此中男、女二根不特能生六根、分别形相、语音、乳房、作业等，且能接触外境或迷或悟故，复可分类如下：

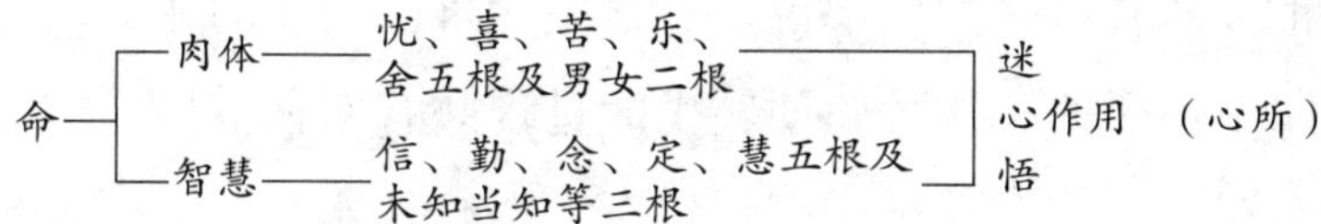

总之，上述的二十二根体可摄于十三法。五根摄于色法的五根；男、女根摄于五根中的身根故亦为五根摄；意根摄于心法；命根摄于不相应法；五受根摄于心所中的受心所；信等五善根摄于心所；三无漏根摄于心法（意）与六种心所。盖二十二根可广别为：有漏无漏、三性、界系、熟非熟、三断等多门。

非根是除掉上述二十二根以外的其余六十二法，即：色六、大地六、大善八、大烦恼六、大不善二、小烦恼十、不定八、不相应十三、三无为。

关于根、非根的标准（定量），在论中举有六由，即：一、能为有情根本者，如眼、耳、鼻、舌、身、意等；二、能差别有情相，如男、女二根；三、能令有情住世，如命根；四、能令有情杂染者，如五受根；五、能为有情无漏清净资粮者，如五善根；六、能令有情成就无漏清净者，如三无漏根。

（五）四生、四有

上面是主对依报——器世间的说明，现在我们就正报的有情来加以解说。有情是凭自己创造的业力而轮回于生死的，这种轮回转生的过程共有四种情形。这叫作四有。四有就是中有、生有、本有、死有。中有就是名于有情的寿命已终（身心的一度崩坏）而将移至次生的期间的，即是指死有和生有的中间位。这梵语叫作健达缚（Gandharv），译为食香、寻香。一名中阴。在此位的有情，其身体非常微细故，不能以本有的肉眼看到，但中有的众生和天眼通的圣者是可以看到的。他的形状，恰如五六岁的小孩，六根类似次生的本有，因其身体没有对碍，眼根又精强故，不管如何的远方——生处都能看到，并能彻见任何的障碍物。一俟结生的缘熟了，即可依自己的业力，投入母胎受生。中有的寿命最长为七日，若于七日中未投胎，即再相续，前后共七次，而于最后的七七四十九天一定要投胎。普通人死后每七日作忌，而于四十九天结束佛事的理由就是根据此说。投入母胎的刹那即叫作生有。托母胎后至死之间即为本有。详如下表：

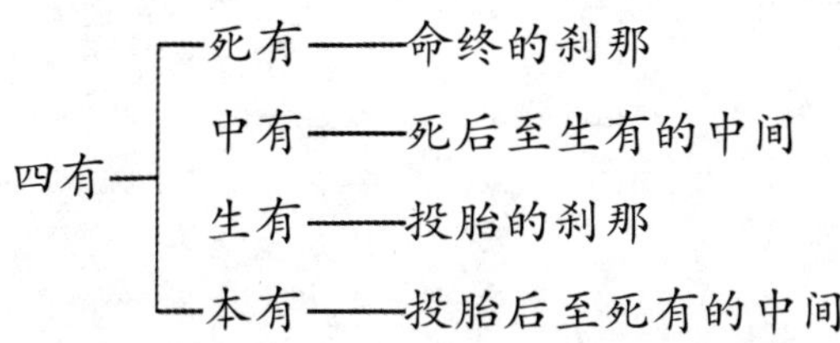

本有就是有情生存的期间，有胎内五位和胎外五位之别，胎内的五位就是羯逻蓝、頞部昙、闭尸、键南、钵罗奢佉。羯逻蓝（Kalalam）译为凝滑或杂秽，这是指四大将凝固位——托胎后的最初七日间。頞部昙（Abbuda）译为疱，就是指在羯逻蓝上渐生薄皮的时候——第二的七日间。闭尸（Pesi）译为血肉，就是血肉凝结未坚的第三周间。键南（Ghana）译为坚肉，是指既成为固体的第四周。钵罗奢佉（Praśākhā）译为肢节，即五根将完备，生五识时的第五个七日至出生的第三十四个七日间。胎外的五位就是出生以后至死的期间。出生后至六岁叫作婴孩；七岁至十五岁叫作童子；十六岁至三十岁叫作少年；三十一岁至四十岁叫作盛年；四十一岁以后即叫作老年。最后临终的一刹那即是死有。

如此有情经四有的顺序无际限地在轮回着，这就是所谓的生死轮回。胎内、胎外的五位如下：

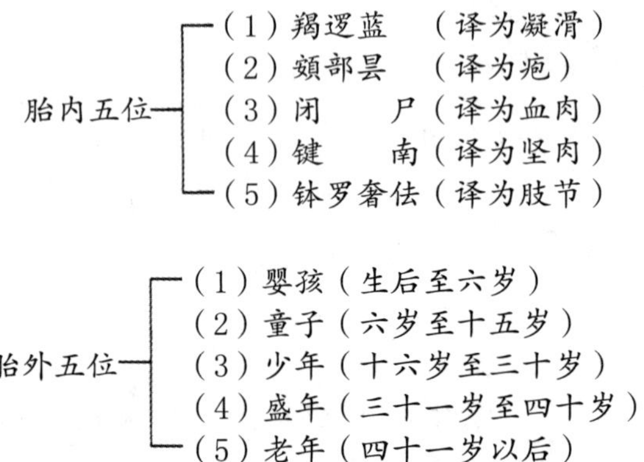

我人的轮回转生复有四种形式，即：胎、卵、湿、化等四生。胎生是由胞胎生的有情，如人、牛、马、羊等是。卵生是指：由卵壳孵出的有情，如鸡、鸭等是。湿生是由湿气生的有情，如霉菌等是。化生是不依托任何东西而生的，如地狱的有情是。若把三界五趣配于四生即如下表：

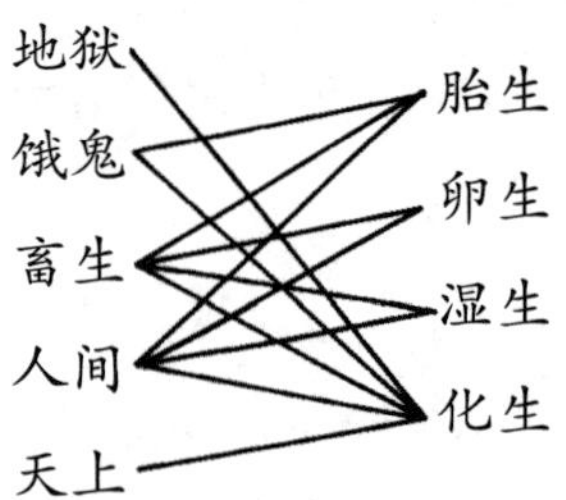

（六）十二因缘

把有情流转生死的状况，附于因果关系加以说明的即于十二因缘。十二因缘又叫作十二缘起支或十二有支。就是无明、行、识、名色、六处、触、受、爱、取、有、生、老死。无明（Avidyā）是本惑中之痴，为烦恼的异名。但因痴为诸惑的根本故，对于过去的诸惑以及身心总称为无明。无明为宿惑位，指：自起过去烦恼后至中有的最后念。行（Saṃskāra）就是依无明——惑，而造作的善、恶诸业。行与无明为过去的二因。识（Vijnana）就是依无明和行的业力所得到的现在果，是名于最初托生母胎时的刹那身心，为四有的生有。托生时因形体未完备，以心识为主故叫作识。名色（Nama-rupa）的名就是心识，色就是色法的形体，指托母胎时的第二念以后的四周间。六处（Sadayatana）就是六根，指在胎内渐次完备六根的第五位。触（Sparsa）就是出母胎后，心识触外境的位，即指出胎后至两三岁单有知觉的期间，因此期间心识未发达故尚不知苦、乐、舍三受的原因。受（Vedana）就是有感觉分别的时候，指四五岁至十四五岁的期间。爱（Trsna）就是十六七岁以后，于财色起贪爱执着的期间。取（Upadana）就是指三十岁以上贪爱心浓厚，而徒求欲境的时期。这里的爱与取，相当于过去的无明。有（Bhava）就是现在所做的一切善、恶业，而能招感未来果报的三界有。这在现在业中含有未来果的作用故相当于过去的行。生（Jati）是指依现在的爱、取、有，真正能生未来果报的现生“识”位。老死（Jara-marana）就是指来生至后死之间，相当于现在位的名色、六处、触、受四位。

以上的十二因缘如果配于三世因果，即可以成立两重的因果法，即所谓的“三世两重的因果”。换句话说，无明与行是过去因。识、名色、六处、触、受五支是现在果。这如果再配于惑、业、苦三道，无明即为过去惑；行即为过去业；识、名色、六处、触、受即为现在果；爱、取为现在惑；有为现在业；生、老死为未来的苦果。如此有情由于过去的惑业——因，招感现在的苦果，又依现在的惑业——因，招感未来的苦果，终永远在生死海中轮回，层出不穷。

上述是依据从来的分位缘起，即胎生学而说的，未必能代表佛教的全貌，当然这是把五蕴的相续体分为十二阶段来分析生死的过程的。若以现代学者的解释，就大相径庭了。例如：唯识宗的解释亦与此不同，并非三世二重的因果关系，而为二世一重的因果关系。（详情请参阅拙著《唯识要义》）十二因缘若以现代化的平面解释：（1）老死是凡夫一切无常苦的代表，为最切实的问题。所以俗语说“盖棺论定”。这包含病、愁、悲、苦、忧、恼。其原因当然是由生而来，所以生为一切苦的开始，有了（2）“生”才有一切苦：老、病、死、怨憎会、爱别离、五蕴炽盛等苦。所以笔者常说，葬事应于生时做好，不应于死时才做。因为一个笃信佛教的信徒，死是光荣而且是有幸的，因为他（她）将往生极乐啊！所以应该要张灯结彩鸣炮庆贺他（她）的荣耀才对。究竟（3）生是哪儿来的呢？万事无因不生果，这当然亦有其原因了。仔细推究的结果，这无非就是由业“有”而来的了。有就是生存、存在的意思。普通解说为三有，即指：欲界、色界、无色界。为什么有三界的存在呢？这当然是讨来的，即“取”来的了。（4）取就是指执着而言，即由于迷妄执着内、外境而念念不忘，因此才有了：有→生→老死。所以取为有因，有是取果。可见执着的厉害如何了，佛教之所以处处破“我执”原因即在于此。到底取又是从哪儿来的呢？这无非就是被爱所动的了。不爱怎么会取呢？例如小偷看到不爱的东西还会取吗？所以取是由爱而来。（5）爱就是所谓的渴爱，有如沙漠中的行人口渴时，一心求水，一看到水根本不管净或不净，捧起来就猛喝的状态。所以爱是冲动的、本能的欲心。可见我人生死的现实苦恼，可归结于我人固有的本能欲心了。以上的五支叫作五支缘起，而足以说明生死的过程。那么，爱是经什么过程发生的呢？若进一步地寻求、考察，就可发现不外就是受、触、六处等三支。（6）受是感受义，为知觉外界而起的诸种感觉以及印象，有了对外界的感受性才会发生爱的念头。不过受是以触为条件的，否则就不会发生。（7）触就是接触义，为根（感官）、境（对象）、识（了别）等三事和合而起的。所以这是指十八界的和合而言。当然十八界的和合必有其所依以及器官才行。其器官就是六处（入），其所依就是名色。（8）六处就是俗称的六根，为：眼、耳、鼻、舌、身、意等六种感觉器官。有了这些器官就有触、受等作用。其所依就是我人的身心。我人的身心佛教叫作名色。（9）名色的名是指精神作用，色指肉体，为：受、想、思、触、作意等五心所与六根的肉体。但这并非各别的存在，必有一统一机关，这就是识。（10）识就是统一名色的精神作用，为个人的中心意识。以上的十支叫作十支缘起，或将六处摄入名色为九支缘起，而已足以说明生死的过程，但这是主观性的解释，并非客观性的，因此再推理客观性的存在。客观性的存在就是行和无明。（11）行就是指身、口、意三业而言，但行为的根本，不外是由于心的活动而来故，行亦不外就是一种心业了。可是心业由哪儿来的呢？就是来自所谓的无明。（12）无明就是凡夫性的特质，一名叫作痴，详如上述故不再赘言。详如下表：

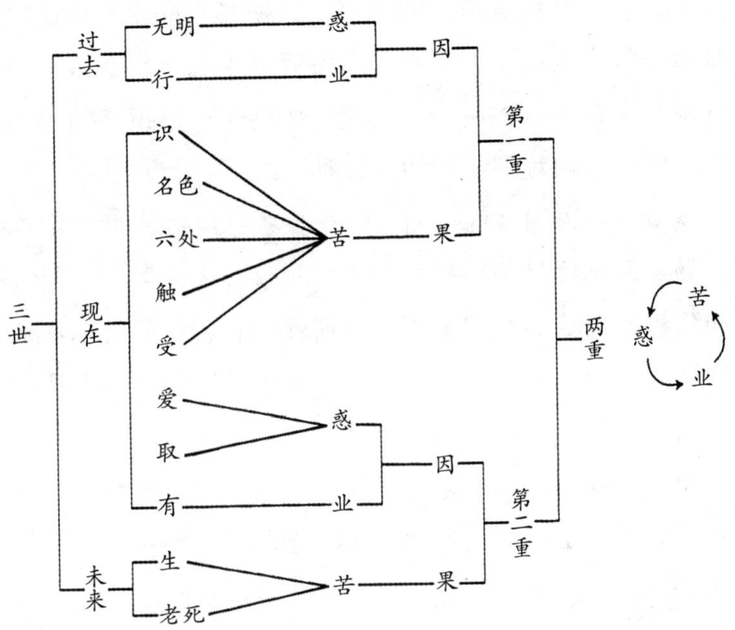

（七）随眠论

一、本惑与随惑

有情沉沦迷界受苦的原因固然很多，但总不出惑与业二道。惑为苦果，业为苦因。此中业是亲因，惑为疏缘，而由惑发业，助生苦果。惑即为烦恼的别名，一名根本烦恼或随眠。随眠就是："随逐有情名随，行相微细名眠，如人睡眠行相难了。"（"光记"卷十九）就是说，烦恼缠绕有情，随逐有情，使其心昏迷，犹如睡眠状态故喻为随眠。随眠是有部宗的特殊见解，若是经部随眠系指烦恼的种子，其现行则名缠。唯识宗随眠即为：眠伏于阿赖耶识中的烦恼种子。

烦恼有根本烦恼和枝末烦恼之别，一名叫作本惑与随惑。本惑是烦恼中最根本的烦恼，为迷果的主因故叫作根本烦恼。在四十六个心所法中，属此的有不定地法的贪、嗔、慢、疑与大烦恼地法中的无明以及大地法中的恶见等六心所。其中，恶见扰乱有情最厉害故复细分为：有身见、边执见、邪见、见取见、戒禁取见等五种，而与上述的五种合为十种，称为十随眠。本惑中，贪、嗔、痴、慢、疑等五种，其性较钝难以制伏故又叫作五钝使。反之，邪见的性质较为猛利故叫作五利使。五利使就是上述的有身见五种。身见又名有身见，梵语叫作萨迦耶见（Satkaya-drsti）（经部叫作虚伪身见、坏身见，大乘叫作移转身见）。这是使有情迷执五蕴假合的身心为"我""我所"的妄见。我见就是执有一主宰实我的妄见；我所见是执有一我所（有）的妄见。边见就是由身见执死后的常住或断绝的常见（有见）和断见（无见）。因为它偏于一边故叫作边见。邪见就是所有一切的错误——妄见。但这里是指拨无因果的断见。见取见就是于身见、边见、邪见中执有真实的妄见。戒禁取见就是把非正因与正道执着为正因、正道的见解。例如说，有漏的五戒，不过是于人天的善因，但有人把它误解为真正出离解脱的正道；或如外道的事火、投水、学狗、鸡动作等，以为这是生天的正因。前者叫作“非道计道”的戒禁取见，后者叫作“非因计因”的戒禁取见，以上的五见是大地法中的慧心所的一部分，所以名为恶慧。

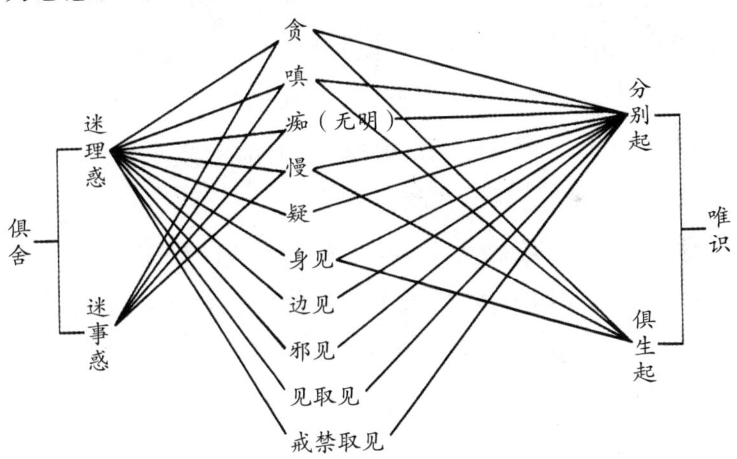

随惑是随顺本惑作用的枝末烦恼，这共有十九种。即：大烦恼地法中的放逸、懈怠、不信、昏沉、掉举；大不善地法的无惭、无愧；小烦恼地法的愤、覆、悭、嫉、恼、害、恨、谄、诳、骄；不定地法中的睡眠、恶

作。盖大烦恼地法是相应不善与有覆，大不善地法相应恶心，小烦恼地法相应第六意识，且各别分起故统统叫作烦恼。反之，不定地法则不能说全部是烦恼了。因为：睡眠是通于三性，恶作只通于善、恶二性故，今只挑出通于烦恼的心法。

二、见、修二惑

根本烦恼的性质有二种差别。一是“迷理惑”，二是“迷事惑”。迷理惑是迷于四谛所起的烦恼，因为它于见道位时始能顿断故叫作见惑。当然其性质亦较修惑猛利。迷事惑是迷于事物所起的烦恼，因为它须于见道后屡加功夫，修道位始能断除故叫作修惑。见惑是见道所断惑，修惑是修道所断惑的意思。

见惑（迷理惑）的体虽然通于十种根本烦恼，但修惑（迷事惑）的体只限于五钝使中的贪、嗔、痴、慢四烦恼。见惑可分为八十八使（八十八种）。使就是随逐系缚的意思，为烦恼的异名。八十八使就是概括三界烦恼的通称——总数。即以四谛为对象所起的烦恼。此四谛分有欲界下的四谛和色、无色界下的四谛。初在欲界的苦谛下起十种烦恼（十种本惑）；在集、灭二谛下起身见、边见、戒禁取见外的七惑；在道谛下起除身见、边见之外的八惑，如此总共为三十二惑，这为欲界三十二使。身见与边见是有情的依身（只在苦谛生起的妄见）故，于集、灭、道三谛是不会生起的。又戒禁取见是修行的道因（道谛）故亦不会于集、灭二谛中生起。色界、无色界是禅定相应地故不像欲界，对于违逆境动辄就起嗔恚。因此在欲界四谛下之烦恼中除掉嗔恚，就是说，苦谛下的九惑、集谛下的六惑、灭谛下的六惑、道谛下的七惑。这合起来就有二十八惑。如此三界四谛下的惑，总共有八十八惑，这叫作八十八使见惑。此中在欲界迷于苦谛十惑中之身见等五见和疑、无明七惑，以及迷于集谛七惑中的邪见、见取见、疑、无明四惑，因此七见、二疑、二无明，尤为一切烦恼因故，特名为十一遍使或十一遍行惑。八十八使见惑如下表：

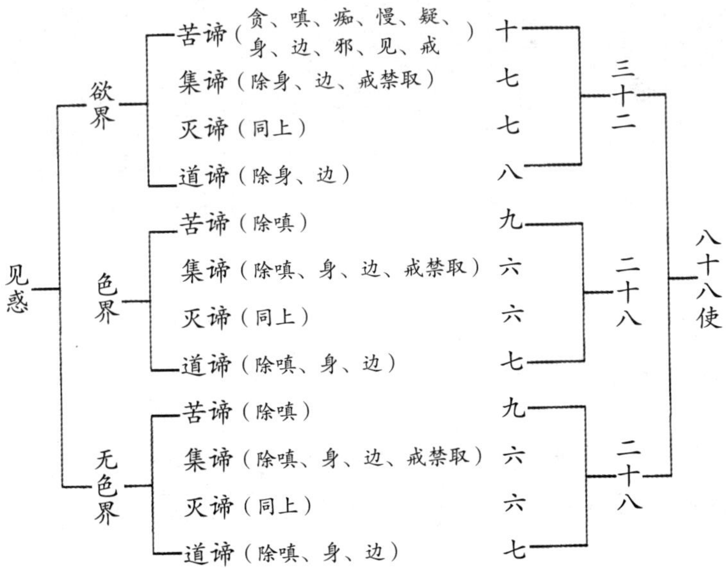

修惑共有八十一品，详如下表。此中欲界中的贪、嗔、痴、慢四烦恼虽为修惑的体，但色界、无色界没有嗔故，以贪、痴、慢的三烦恼为体。此三界的修惑，随其强弱复分为上、中、下三品，而每品中又各有三品故，共有九品。因九地各分九品故，九九八十一，即有八十一品的修惑了。修惑虽然较之见惑性质微弱，但不易伏断故，古来说："见惑顿断如破石，修惑渐断如藕丝。"修惑八十一品如下表：

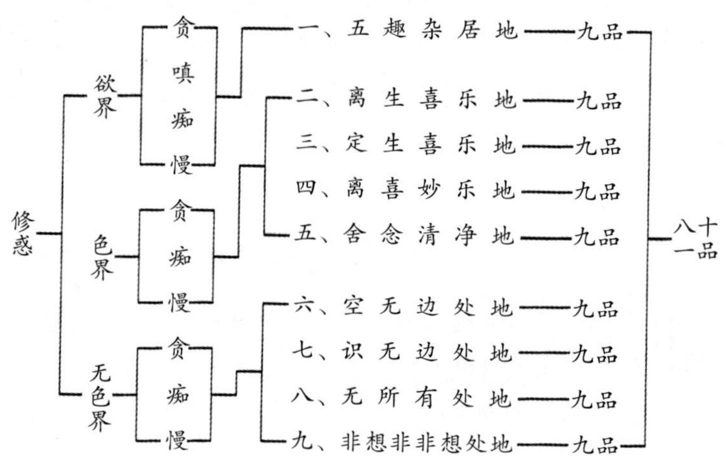

三、烦恼的分类

一切烦恼虽然可以以根本、枝末来统摄，但经论中所举的异名多得不胜枚举。现将其主要的简述如下。烦恼中比较重要的有：三缚、三漏、四暴流、四轭、四取、五盖、五顺上分结、五顺下分结、六垢、九结、十缠等类。

（一）三缚——三缚就是三种缠缚的意思。缚为系缚义，为烦恼的异名。因此烦恼系缚众生使其无法出离故叫缚。为：贪、嗔、痴等三种。这是依三受而立的，盖贪缚增长乐受，嗔缚增长苦受，痴缚增长舍受的缘故。

（二）三漏——三漏就是三种漏泄法，为：欲漏、有漏、无明漏。漏的意义，已如上述。欲漏就是欲界的烦恼。因此法缘五欲境故得名为欲漏。这共有四十一类，为：本惑三十六种（四谛三十二、修惑四）中的三十一种（除修道五部所起的痴），与随惑中的无惭、无愧、睡眠、掉举、昏沉、悭、嫉、愤、覆、恶作等十缠。有漏是色界、无色界的烦恼，因此法缘有（相续生死因果的有）故得名为有漏，系指色界、无色界的内身而言。这共有五十二种，为色界本惑三十一种中的二十六种（除于五部所起的痴）与无色界的二十六种。无明漏就是指无明本身的痴。这共有十五种。因每界的五部各有痴故合计为十五种。

（三）四暴流——四暴流就是四种暴流，为欲暴流、有暴流、见暴流、无明暴流。暴流是喻此烦恼善能漂流善心，有如暴水之漂流厝宅故叫暴流。欲暴流与上述的欲漏同为欲界的烦恼，亦为缘五境而得名。这共有二十九种。为：欲漏四十一种中的二十九种（除苦谛下的五见、集谛及灭谛下的二见、道谛下的三见）。有暴流与有漏同为色界、无色界的烦恼，这共有二十八种。为：有漏五十二惑中的二十八种（除有漏五十二惑中的色界、无色界四谛下的各十二见）。见暴流的见是指：身见、边见等邪见而言。这有三十六种（每界十二见）。无明暴流就是于三界四谛修道等五部所起的痴烦恼的总称，共有十五惑而与上述之无明漏同。

（四）四轭——四轭就是四种轭，为：欲轭、有轭、见轭、无明轭。轭就是牛车上的颈木，是挂于牛头上以联结牛车的。因此此法恰如牛头上的颈木，连接牛车，使其不离故喻此烦恼为轭。欲轭有二十九种，有轭二十八种，见轭三十六种，无明轭十五种。但经部的解释与此不同，认为于五妙境起贪为欲轭，缘有身起贪为有轭，缘诸见起贪为见轭。

（五）四取——取就是执取、执持义，因此法执取生死果，执持其业故叫作取。为：欲取、我语取、见取、戒禁取。这是细分十二因缘的取支的。欲取共有三十四种，为：本惑的二十四与随惑的十种。本惑的二十四种是于四谛、修道五部所起的贪、嗔、痴、慢与四谛下的痴。随惑的十种是无惭等十缠。我语取共有三十八种，为上二界五部所起的贪、嗔、痴三十种和上二界四谛下的疑八种。见取是指三界四谛下的身见、边见、邪见、见取见四种与苦谛下的四见，集、灭、道三谛下的各二见的三十种。戒禁取共有六种，为：三界苦道二谛下的戒禁取。

（六）五盖——五盖就是欲贪、嗔恚、昏眠、掉悔、疑等五种。盖为覆盖义，此法覆盖清净善心，令其不开发故叫作盖。此烦恼只通于欲界。

（七）五顺上分结——一名五上分结。上分就是顺益色界、无色界的意思。倘若不断，就无法超脱上分——二界，有如绳之死结缠缚故叫作顺上分结，结与缠同义。这共有五种，为：色贪、无色贪、掉举、慢、无明。

（八）五顺下分结——这是针对上分结而分的烦恼。为顺益欲界的烦恼。即：身见、戒禁取见、疑、贪、嗔等五种。

（九）六垢——垢具说烦恼垢，因系烦恼所生的污秽故叫作垢。为：恼、害、恨、谄、诳、骄等六种。

（十）九结——此法能结缚有情，和合三界生死苦故叫作结。为：爱、恚、慢、无明、见、取、疑、嫉、悭等九种。此中爱、慢、无明三结在三界五部各有一法故，其体共有十五种，而合计为四十五种。恚结就是嗔，这在欲界五部各有一种故其体为五种。见结是五见中的身见、边见、邪见等三见，此中身见、边见二见因生自三界苦谛下故其体有六种。邪见通三界的四谛故，其体共有十二种。取结是五见中的见取见与戒禁取见二见，此中见取见在三界的四谛中各有一种故其体为十二种。戒禁取见在三界的苦谛及道谛下各有一种故，其体为六种。疑结在三界四谛下各有一种故其体为十二种。嫉与悭二结为随惑，且为欲界修道所断故其体各一。综上所述结烦恼共有一百种之多。总之，这是开六种本惑的恶见，加上嫉与悭二烦恼的。

（十一）十缠——缠为缠缚义，因此法善缠众生，置于生死的牢狱故叫作缠。这有三缠、八缠、十缠等种类。三缠是指贪、嗔、痴；八缠是指无惭、无愧、嫉、悭、恶作、睡眠、掉举、昏沉；十缠是在八缠之外加上愤、覆二缠的。十缠与九十八随眠合计，即为所谓的百八烦恼。

（八）业感论

一、十业道

业是梵语 Karman 的译名，英译作 action，为造作的意思。如论说："世别由业生"，"非由一主先觉而生，但由有情业差别。”我人所享受的宇宙、人生，诚为我人自己的业力所感，并非外在神力所能赐予。现说明如下：

我人的必有好（善）心和坏（恶）心二种。依此善、恶二心，在意中思量种种事理并分别种种是非。这种思想如果流露于口上即叫作口业，流露于身上（行为）即叫作身业，如果只在意中思虑而未现露，即叫作意业。因意业是在思心所中所做的业故，又名思业，身、口二业因已表露出思业故名为思已业。详如下表：

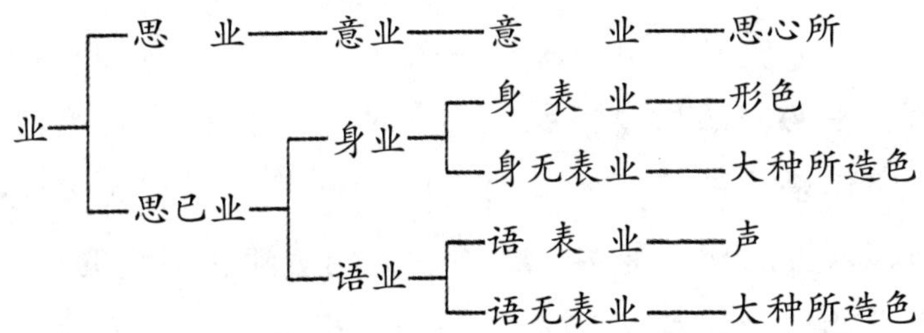

依善心所起的业，于现在能享乐，于未来能招感人、天快乐的果报故叫作善业。反之依恶心所起的业，不但于现在受苦，于未来更堕落恶趣受苦的叫作恶业。另有一种既不属于善，也不属于恶，然而对于将来又没有招感善、恶作用的即名为无记业。善业叫作十善业道，恶业叫作十恶业道。依十善业可以往生人、天，行十恶业则堕落于三恶趣。

十恶业道就是所谓的身三、语四、意三的恶方面十种业，为：杀生、不与取、欲邪行（以上属身业），虚诳语、离间语、粗恶语、杂秽语（以上属语业），贪、嗔、痴（以上属意业）。十善业道刚刚与上述十恶业道相反的十种善业，为：离杀生、离偷盗、离邪行、离虚诳语、离离间语、离粗恶语、离杂秽语、无贪、无嗔、正见。业为思心所，道为所游履故叫作业道。即：此业所依、所托、所游履的地方。

身、语、意三业复依加行、根本、后起有三种分别。加行是做事的前方便，根本是完成事情的果遂，后起是事后复有所做之意。例如：屠杀牛马，心内先起杀害心，然后拿斧头、刀子殴打杀伤，使其绝命，这叫作杀生的加行。其命终时的刹那表业与无表业，即为杀生的根本业道。命终后，仍然随转不绝的杀生无表业以及杀生后剥皮、切肉、烹调、啖食等表业，即为杀生的后起业道。普通所谓的十善业、十恶业，都指此中的根本业道。因为：加行与后起不过是由于根本而生，且其业相微细，不像根本业道那样粗显的缘故。唯十恶业道必依贪、嗔、痴三不善根而生，十善道必依无贪、无嗔、无痴三善根而生。十善业、十恶业详如下表：

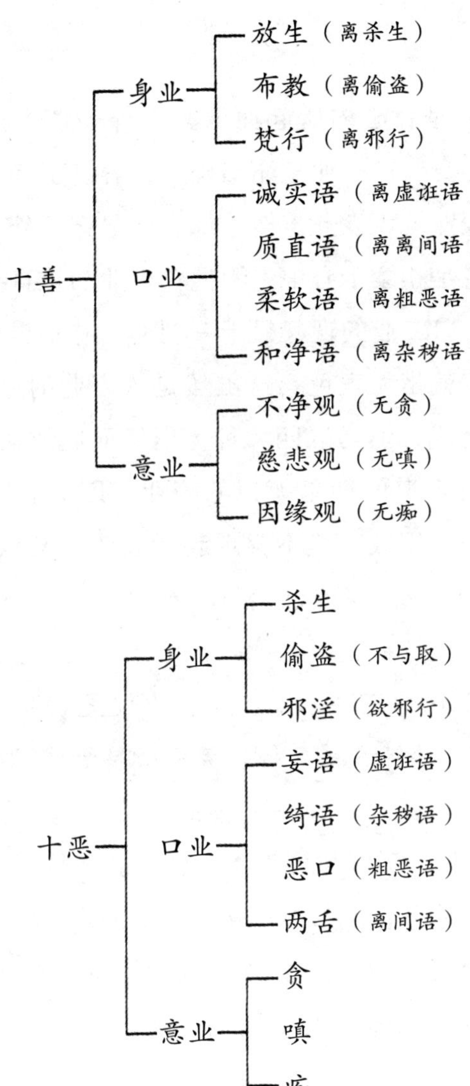
十善
身业
放生（离杀生）
布教（离偷盗）
梵行（离邪行）
口业
诚实语（离虚诳语）
质直语（离离间语）
柔软语（离粗恶语）
和净语（离杂秽语）
意业
不净观（无贪）
慈悲观（无嗔）
因缘观（无痴）
十恶
身业
杀生
偷盗（不与取）
邪淫（欲邪行）
口业
妄语（虚诳语）
绮语（杂秽语）
恶口（粗恶语）
两舌（离间语）
意业
贪
嗔
痴

二、无表业

无表业是在心内所起而未露出外表使人知道的意业。反之，身、口二业是露出外表，容易引起人家的注意故叫作表业。无表业虽然不像表业显露于外，但它所起的业却老是相续于心中，不但较表业为重且招感性亦深，因身、口二业的现起只于一刹那，并不长存。无表业所依的体就是无表色，这虽然是依表业的色法生起，并非极微所成，但乃以四大种为所依而起故摄于色法。在此我们要知道的即是无记的表业。因为它对于感果没有任何的力用故，绝不会现起无表业。又意业是心、心所的现起，故不能叫作表业，因此，此二种不名无表业。

无表业共有三种。即：一、律仪无表，二、不律仪无表，三、处中无表。律仪无表就是受戒时在心内生起的精进心、勤发心，一名善戒无表。这有别解脱律仪、静虑律仪、无漏律仪三类。别解脱律仪就是随戒师各别受得的戒法，如受杀生戒，即能舍杀生的过非，受偷盗戒，即能舍偷盗的过非，就是视受戒的多寡舍离过非的多寡的戒体，因每受一戒能得到一种好处（解脱）故叫作别解脱律仪。这共有八种，即：比丘、比丘尼、正学、勤策男、勤策女、近事男、近事女、近住的诸律仪。比丘（Bhikṣu）和比丘尼（Bhikṣuṇī）的律仪是满二十岁以上的大僧所受的戒律，比丘戒有二百五十戒，比丘尼戒有三百四十八戒。正学律仪又叫作式叉摩那（Śikṣamāṇā）律仪，这是勤策女（一名正学女）欲进入比丘尼时，在满二年间所学的六法。这是一种资格的测验，即：是否堪受具足戒、是否怀孕。为：不摩触、不盗四钱以下、不杀畜生、不小妄语、不饮酒、不非时食。可见，此戒非常严格，涉及微细的轻戒。勤策男、勤策女的律仪即是沙弥（Śrāmaṇera）、沙弥尼（Śrāmanerika）戒，这共有十种。

近事男、近事女的律仪，即是优婆塞（Upāsaka）、优婆夷（Upāsikā）所持的五戒，近住律仪就是在家男、女在一昼夜间所持的八斋戒。因为他（她）的这种行动近于圣者故叫作近住。静虑律仪又叫作定共戒，这是入色界的禅定后自能不做恶业契合于佛制的律仪，因它防止欲界的不善业故叫作静虑律仪。无漏律仪又叫作道共戒。如起无漏心，自能契合于佛制的律仪，远离恶业故叫作无漏律仪。此中别解脱律仪，随受戒的戒体能不断地通于有心、无心而相续故，一名不随心转无表。静虑律仪和无漏律仪的无表，只在定心、无漏心现起故（由于二心的生灭而起伏），一名随心转无表。

不律仪无表就是以“要期心”所行的恶业所起的不

善无表，这一名恶戒无表。

处中无表就是非律仪，非非律仪的无表，即没有“要期心”而随时应缘所起的善业或恶业。这一名非律仪非非律仪无表。

总之，杀生、不与取、欲邪行、虚诳语、饮诸酒等五戒是出家、在家的根本戒，八戒是在家众在短期间（一日一夜）学习出家的戒行，即在五戒加上涂饰香鬘舞歌观听、眠坐高广严丽床座、食非时食的。因八戒中，最后为斋故并称为八斋戒。斋就是顺佛制的饮食之意。五戒中的邪淫在此为非梵行，因在家众夫妇间的关系虽为正淫，但于此期间禁止故叫作非梵行。沙弥、沙弥尼是既已出家而未达到法定年龄的男、女众。其所受的十戒是将八戒的涂饰香鬘与舞歌观听分开，再增加捉金银宝戒的，因仍为出家戒故较前严格。正学女戒如前所述，不过是在五戒增加不非食而已。比丘、比丘尼戒一名具足戒，为出家男、女僧所受者，此中比丘尼戒俗称五百戒，其实仅有三百四十八戒。此二戒，均为尽形寿戒。

别解脱律仪虽有八种之多，但其体不出：比丘、勤策、近事、近住四种，盖离比丘律仪即无比丘尼律仪；离勤策男律仪就无勤策女律仪；正学律仪；离近事男律仪，就无近事女律仪的缘故。别解脱律仪的种类如下：

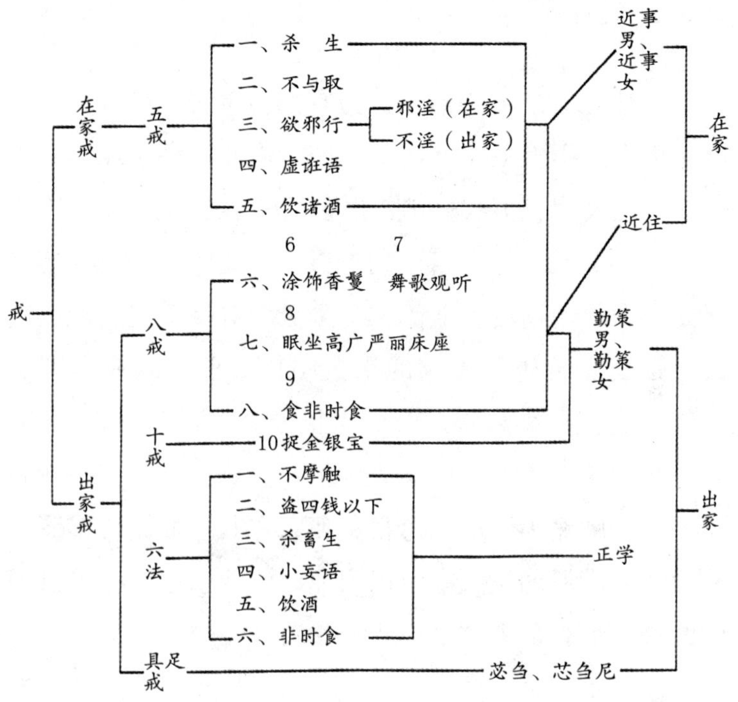
戒
在家戒
五戒
一、杀生
二、不与取
三、欲邪行
邪淫（在家）
不淫（出家）
四、虚诳语
五、饮诸酒
近事男、近事女
在家
近住
6
7
六、涂饰香鬘
舞歌观听
8
七、眠坐高广严丽床座
9
八、食非时食
出家戒
八戒
十戒
10捉金银宝
勤策男、勤策女
六法
一、不摩触
二、盗四钱以下
三、杀畜生
四、小妄语
五、饮酒
六、非时食
正学
出家
具足戒
苾刍、苾刍尼

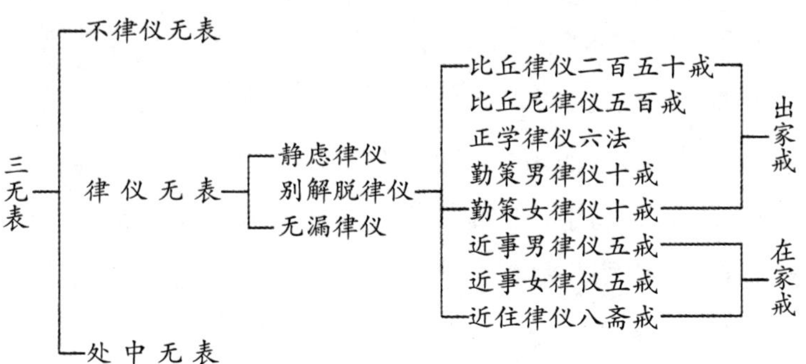
三无表
不律仪无表
律仪无表
处中无表
静虑律仪
别解脱律仪
无漏律仪
比丘律仪二百五十戒
比丘尼律仪五百戒
正学律仪六法
勤策男律仪十戒
勤策女律仪十戒
出家戒
近事男律仪五戒
近事女律仪五戒
近住律仪八斋戒
在家戒

三、业的种类

相依相续的身心活动，为有情的事实。这种活动不已的思心所引发的一切活动，即叫作业。关于业，向来有繁广的说明，但我们仍依俱舍的分类来说。

在人、天、鬼、畜生的果报中，能使他如此招感果报的，即是所谓的引业。在一生之中有贫富、贵贱、美丑、强弱、苦乐等差别的果报叫作满业。满业是圆满所作业受其应得果报之意。果报分为总报和别报二种。即：引业为总报业，满业为别报业。例如画家以一颜料绘图的轮廓喻为引业的总报，那么在其上面用许多彩色绘的即为满业的别报。所以引业以一业引起一生，满业即以众业引起种种的果报使其圆满。

观察我人所受的果报，有只限于自己受用的，有自、他共同受用的。如自己的身体、衣服等即只限于自己所有，别人则无法受用。但山河大地等即可共通于自、他受用了。在共通受用的东西之中，又有万人受用的，和少数人受用的分别。如宅邸、田地等即只限于一家或少数人受用。如日月星辰等则万人受用。这种只限于自己受用的即为不共业；自、他共通的即为共业。

随引果的迟速（时间），业又可分为四类。即：于现在作业现生受报的叫作顺现业；于现生作业来生受报的叫作顺生业；若到第三生始受报即叫作顺后业；如果不知何时才能受报即为不定业。不定业又有二种不同。一为：知道何果而不知至何时受报；二为：既不知何果亦不知何时受报。前者叫作异熟定时不定，后者叫作异熟时俱不定。我人虽然于现生中做了许多业但现世却没有受报，不过这并非无报应，终有一日一定会受报。同时我人现世所受的果报也不一定就是通由前生的业而来的，有的甚至是前前生或又前前生的报应。但话得说回来，不管我人的正报也好，依报也好，都没有他人赏罚的业，均是自业自得而来的，这种说法即为“业感缘起论”。

总之，在经论中散说的业颇多，据本论记载总共有十一种类。即：一、三性业，二、三福业，三、三受业，四、三时业，五、身心受业，六、曲秽浊，七、黑黑业，八、三牟尼业，九、三恶业，十、三清净业，十一、三邪业。此中，三性业是上述的善、不善、无记三业；三福业是福、非福、不动三业；三受业是顺乐受、顺苦受、顺不苦不乐受三业；身心受业是心受、身受二业；曲秽浊是依谄所起的身、口、意三曲业和依嗔所起的身、口、意三秽业以及依贪所起的身、口、意三浊业；黑黑业是黑黑业（欲界的不善业）、白白业（色界的善业）、黑白黑白业（欲界的善业）、非黑非白业

（无漏业）；三牟尼业是无学的身、口业及意牟尼；三清净业是身、口、意的三妙行业；三恶业是身恶行、语恶行、意恶行三业；三妙行是身、口、意的一切善业，为：身妙行、语妙行、意妙行；三邪行是依嗔、痴所起的语业——邪语和身业——邪业，以及由贪所起的身、语二业——邪命三业。三时业的情形如下：

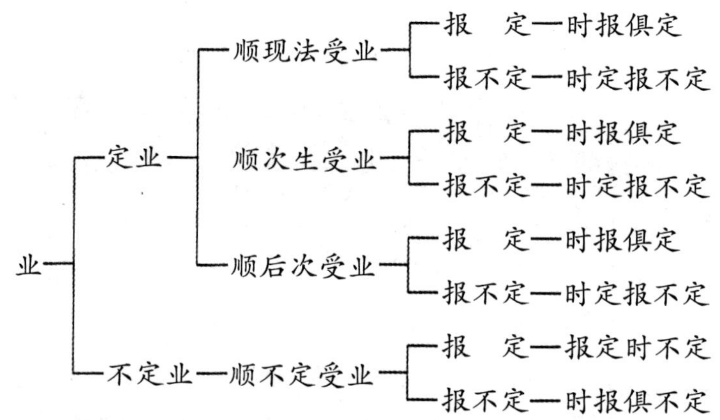

四、断证论

（一）修道阶位

上述是主对迷界因果的集、苦二谛加以说明的，现在我们再就悟界的因果——灭、道来加以解释。灭谛就是断尽迷因的烦恼，解脱生死的苦界而证到的境界。道谛就是达到此一究竟的境界的方便道（因）。道谛是断三界——集，向于真理的行为，这大别有方便道和圣道二种。方便道又分为三贤、四善根。三贤即是五停心、别相念住、总相念住三位，这叫作外凡位。四善根就是暖、顶、忍、世第一法，这叫作内凡位。圣道有见道、修道、无学道三种，与四向、四果之分。方便道即是凡夫位，必须入了圣道才能成为圣者。其最后的无学位就是阿罗汉果，这是小乘教究竟的理想。

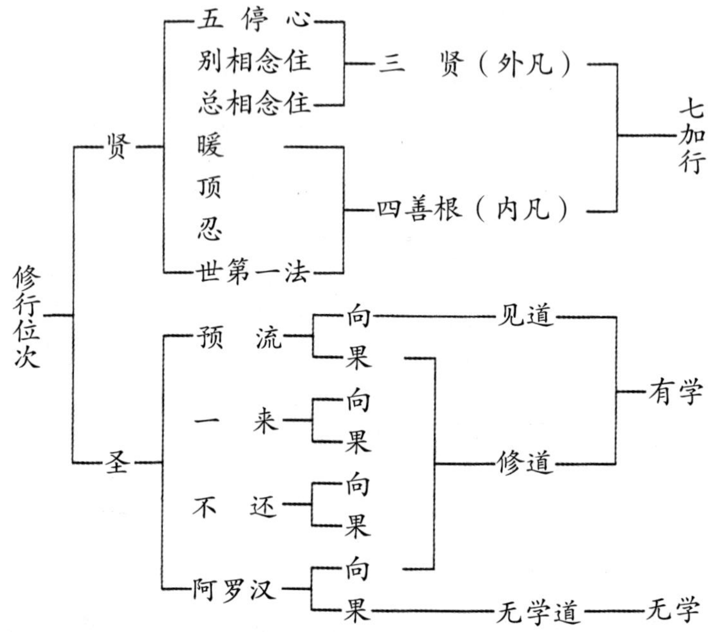

如上所述，佛道的行者是顺上表的阶位渐次趋向于证果的，但当修行时，必先从方便加行下手，住于净戒勤修三慧方成。三慧就是闻慧、思慧、修慧。闻慧是由闻法所成的慧，思慧是由思维正法所成的慧，修慧是修禅定所成的慧。此外，另有一种生来就先天具足的生得慧（此为三慧的根本）故，加上三慧即为四慧。慧是大地法中之一，是简择所缘境的善、恶作用，所以能以生得慧更发闻所成慧，由闻所成慧更发思所成慧，由思所成慧更发修所成慧。如此渐近于证道。三慧若配于阶位，则五停心属闻慧，别相念住、总相念住属思慧，暖位以后及无漏正智属修慧。可见断惑证果，不外亦在三慧的勤修了。不过话得说回来，设欲修习，则必先远离逆缘，而依三净因——身器清净方成。三净因就是：身心远离、喜足少欲、四圣种。身心远离就是：身离恶友、断绝恶缘、心不思恶。喜足少欲就是：所谓的少欲知足。四圣种是：衣服喜足圣种、饮食喜足圣种、卧具喜足圣种、乐断修圣种。但这是由喜足少欲得来的。因少欲知足能令行者生起圣道故叫作圣种（子）。其中前三是出家的生具，后一是其事业。即：以此对治衣服、饮食、卧具、有无有等四爱，趋向解脱妙境。

（二）三贤位

一、五停心观

五停心观是修道的第一位所修的观法，为：不净观、慈悲观、缘起观、界差别观、数息观。不净观是观众生多贪，身躯不净以治贪婪心的修行。慈悲观是观众生多嗔，起慈悲心以治嗔恚的修行。缘起观一名因缘观，这是多痴的众生观十二因缘，以治愚痴的修行。界差别观一名六界观，这是观众生的身心不过是地、水、火、风、空、识等六界因缘的假和合，以治我见的修行。数息观一名持息观，这是观出入息停止散乱心，以治乱心的修行。此中，不净观与数息观为修道的要门故在论中特别地详说。

不净观是以无贪为体而停止贪婪心的观法。观我人的贪婪大体有四种差别。即：显色贪、形色贪、妙触贪、供奉贪。显色贪是指：对于青、黄、赤、白等种种色相的贪求心。形色贪是指：对于长、短、方、圆等形状的贪求心。妙触贪是指：对于身体所触的柔软细滑等物的贪求心。供奉贪是指：对于供养、奉侍自己的贪求心。然，对治此种贪婪，有二种方法，一叫别治法，二叫通治法。别治法是以上述的四法分治四贪的方法，例如：观死尸的青瘀等相，治显色贪；观死尸之被鸟兽啖食，治形色贪；观死尸的腐烂生蛆虫，治妙触贪；观死尸的不动，治供奉贪等，即属于别治法。反之，通治法是：以自、他的身躯观成白骨，即以骨锁观来对治四贪的。盖白骨是既已腐烂的骨骼，所以已不存艳丽的花容与柔滑的肌肤，以及端正的威仪，因此可以通治四贪。

数息观是以慧为体而停止散乱心的观法。数息观的梵语叫作阿那阿波那（Anapana），阿那为入息，阿波那为出息义。就是数出、入息，以对治散乱心的观法。此观必以：数、随、止、观、转、净的六因，始能圆满修成。数就是将心止于出、入息，数其数量之意。即：自一数到十，再自一数到十，反复地数其出、入息。但这动辄很容易引起：减数失、增数失、杂乱失等三种过失。减数失就是①灭数；②以二息为一息，乃至以十息为九息。增数失就是：与前相反的过失，即：以一息为二息，乃至以九息为十息。杂乱失就是：以入息为出息，以出息为入息的过失。若能离此过失，就叫作正数。若在修观中间错乱，即从头开始。这样反复修观，终能渐次治散乱心。随就是随任息风，系心于出、入息不加加行的观法。止就是：将心安止于某一部分（鼻、眉、脚尖均可）的观法。观就是观与息风俱的五蕴为无我的观法。转就是移转缘息风的慧到别相念住至世第一法的修法。净就是再进一步地移至见道位的修法。若以此修观即能得定，而不为贪婪驱使了。但这为欲界的散地定，这是要特别明白的。五停心观的情形如下：

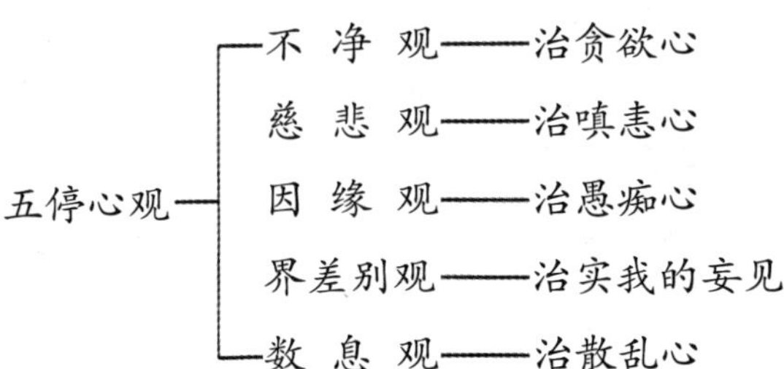

二、四念住观

依五停心观得到静心后为了磨炼观慧的功夫，必须更进一步修习四念住的观法。四念住又叫四念处，为三贤位（五停心、别相念、总相念）别相念住与总相念住二处所修的观法。观为梵语毗婆舍那（Vipasyana）的译名，为止的对语。即：令心止于一境，以慧照见对境之意。这有身念住、受念住、心念住、法念住等四法。身就是指我人的肉体；受就是指由肉体发生的客观的心作用，即是法与心法所起的心所；心是主观的精神；法是客观的诸法。所以初的三观是对有情的观，最后的一观是对诸法的观。因此四念住可说是总观一切万法的修法。把这四念住各别地去观的即叫作别相念住，把它总合起来观的叫作总相念住。四念住是以不净、苦、无常、无我四观来对治净、乐、常、我四颠倒的，所以首先必先观色身的不净以对治净的颠倒，然后再观受的心所毕竟是苦以对治乐的颠倒，进一步再以心的无常对治常的颠倒，最后即观一切诸法无我以对治我的颠倒。初先因我人的观智未熟练故，必须各（差）别地观，如果观慧渐强，即可以总观。

五停心和别相念住、总相念住为趋入解脱的资粮故，叫作“顺解脱分”或名三贤位。

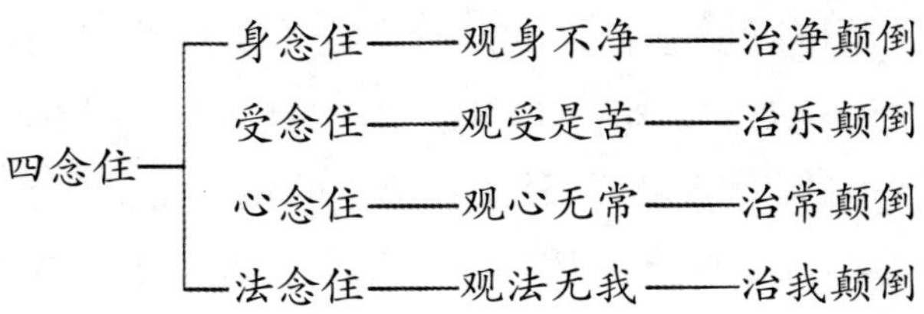

（三）四善根

一、四谛观

四善根是至圣位的加行位，为：暖、顶、忍、世第一法。善根的善是指无漏智，根是指暖等四根，因此四根为发无漏智的根本故。加行位对于资粮位的偏于修福，是偏于修慧的。四善根位所修的观法就是四谛观。即：四谛有色界、无色界的四谛和欲界的四谛（合为上下八谛），又在四谛中观四行相故，总共为三十二行相。就是说，于苦谛下观非常、苦、空、非我四行相；于集谛下观因、集、生、缘四行相；于灭谛下观灭、静、妙、离四行相；于道谛下观道、如、行、出四行相。最初就苦谛的依身先观非常行相——有情的身体是因缘的假合，根本不是常住的实相；第二观苦行相——有情的身心根本就是行业报应的苦果，无法出离苦海；第三观空行相——我人的身心根本没有实体的我可得，不过是由五蕴的假和合，是空的假相；第四观非我行相——我人是五蕴因缘的总合，并没有实我（非我）。对于集谛的惑业还是如此，第一的因行相，观惑和业为招感（未来）苦报的原因，恰如种子；第二的集行相，观惑和业委实是招感未来果的烦恼法；第三的生行相，观生为相续三界果报的烦恼法；第四的缘行相，观缘为来生苦果的缘法。于灭谛的涅槃，第一的灭行相，观涅槃是清净，是灭尽杂染法所得的果报；第二的静行相，观涅槃是断离贪、嗔、痴三毒的烦恼故是静；第三的妙行相，观涅槃是离一切忧患的妙法；第四的离行相，观涅槃是远离一切灾祸的离法。在道谛，第一的道行相，观道是为凡夫位至圣者位——无漏智的唯一法门；第二的如行相，观无漏智是契合真如的至理故委实是如；第三的行行相，观无漏智是趋向涅槃的行；第四的出行相，观无漏智是使我人永远脱离生死苦界的道。

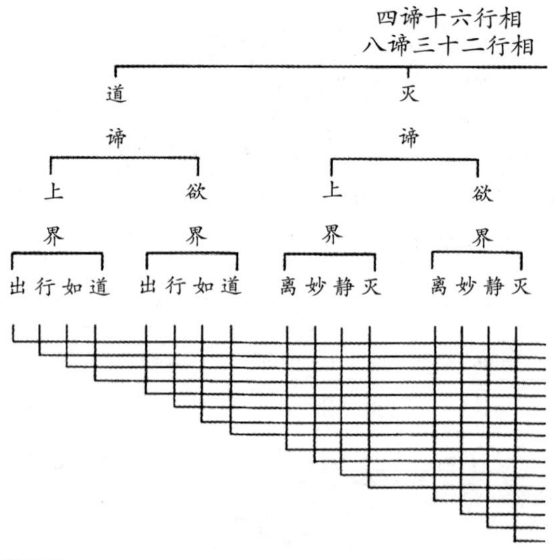

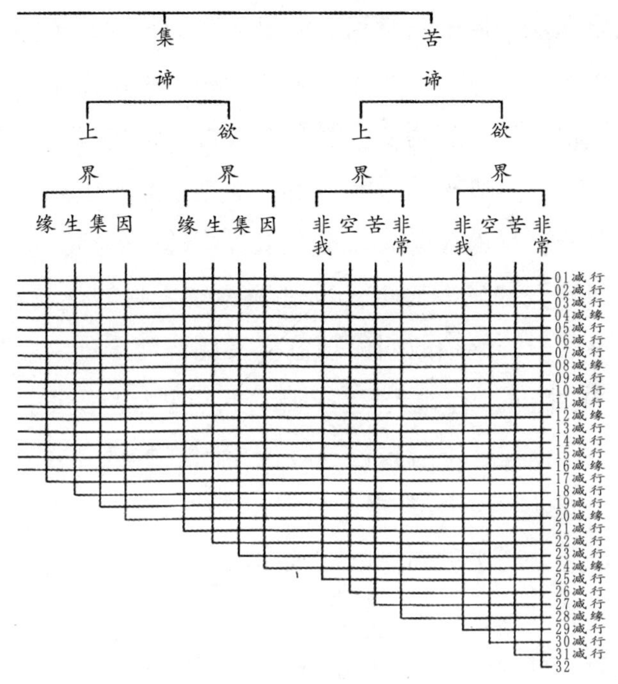

如此就苦、集、灭、道四谛各观四行相，并以四谛的真理来断掉烦恼。

二、四根位

四善根位的第一位就是暖根位。这是喻光明的暖性得名的。即：此位的行者观四谛十六行相，已接近见道无漏智，有如烈火烧薪故取暖性为喻。四谛是所观，行相是能观。四谛十六行相已如上述分为欲界、上界二类故，在实践上应为：八谛三十二行相。暖位由于观四谛十六行相虽然已感到了无漏智的暖性，但仍未除净烦恼故，还有造业退堕的可能，不过他绝不止于生死，有一天必得圣道趋入涅槃故，不会永远流转于恶道。顶位与暖位同样，都属动善根，不过顶位较之暖的观慧殊胜，为动善根中的绝顶故叫作顶位。又此位处于进“忍”退“暖”的中间，有如人站立于山顶，视其情形可上升下沉故叫作顶位，不过顶位与暖位相同，虽然会退堕到地狱，但总不至于断善根永沉于恶趣。忍位的忍与认同义，观慧力已增进到得以认可四谛理，不再退堕故叫作忍位。所以有“忍不堕恶趣”的成句。前的暖、顶二位与世第一法虽然亦能认可四谛理，不过都不如忍位殊胜。世第一法虽然较忍位高一级，但对四谛理的观法，不但在一刹那间，且只观察欲界的苦谛，因此不给予忍名。忍位有：下、中、上三品之别。下忍与暖、顶二位同样统观上下八谛三十二行相，而不堕于二恶趣。但上忍就只观欲界的苦谛了。因为：中忍是具足十六行相，观上下八谛，将做趋入见道的准备，渐次省略所缘及行相，于三十周减行相，七周减所缘（俗称：减缘、减行），只留欲界苦谛下的一行相故，上忍就只缘欲界苦谛下的一行相，于一刹那间修观。

世第一法是于上忍位起无间善根的阶位，为有漏世间中最为殊胜故，叫作世第一法。此位与上忍同样，只观欲界苦谛的一行相，于一刹那间入见道的圣位。

综上所述，四善根各具的功德为："暖必至涅槃，顶终不断善，忍不堕恶趣，第一入离生（见道）。"四善根对三贤的叫作顺解脱分，则叫作顺抉择分。顺解脱分就是指：此位的因行随顺涅槃之意。分与因同义。

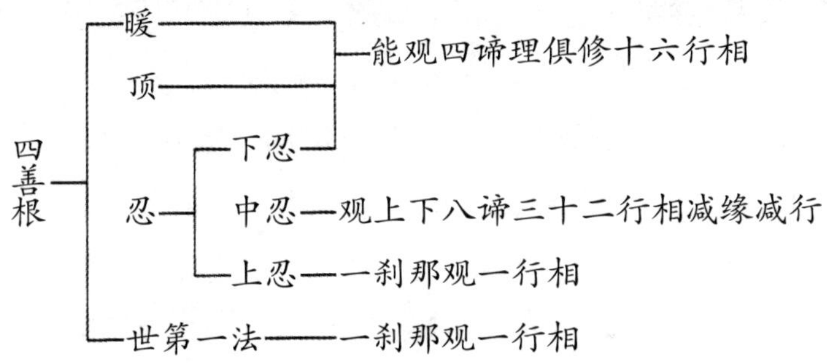

所以合计为上下八谛三十二行相。

三、减行、减缘

在中忍位所修的减行减缘为何呢？关于这，今简述如下：八谛三十二行相的情形已如上述，在欲界的苦谛有：非常、苦、空、非我四相，乃至上界的道谛有：道、如、行、出等四行相，所以计为上下八谛三十二行相。此中，第一周先从欲界苦谛下的非常下手，次第渐进，一步一步地观至上界的道谛。但这时只观：道、如、行，省略“出”行相。这种观法因渐次在减少行相故叫作减行。第二周又从欲界苦谛下的非常开始，渐次观至上界道谛下的道、如，而省略“行”行相。这是第二减行。第三周又从欲界苦谛下的非常开始，渐次观至上界道谛的道行相，而省略“如”行相。这是第三减行。第四周又从欲界苦谛下的非常开始，渐次观至上界道谛，而省略“道”行相。至此上界道谛下的观行皆已减除了，这叫作减缘。在减缘时，本来亦有减行，但摄于减缘故，不叫减行。如此，于第四、第八、第十二、第十六、第二十、第二十四、第二十八等七周减缘，而于其他的二十四周减行。这叫作七周减缘二十四周减行。所以第三十一周复可减三十二行相中的三十一行相，而只存欲界苦谛下的非常行相。就是说：第三十一周只观欲界苦谛下的非常行相。而于三十二周，重新观欲界苦谛下的非常，及至中忍的满位，其后就进入上忍。这叫作一行二刹那观。因第三十一周与第三十二周观同一行相故叫作一行二刹那。

关于最后的一行相，依根机的不同，可以变更。即：若钝根而我慢增者，即留非常行相；懈怠增者，即留苦行相。如系利根而我见重者，即留非我行相；所见重者，即留空行相。

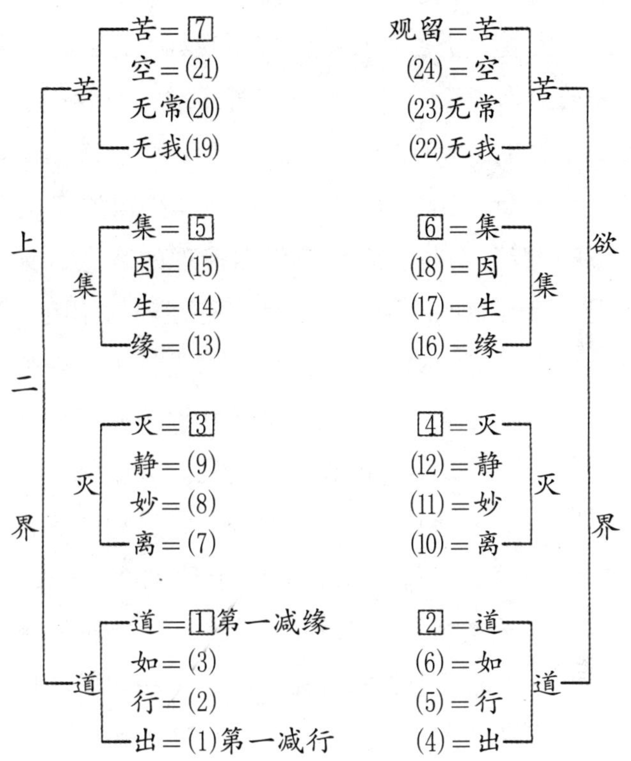

（四）见道

修完上述的三贤、四善根、七方便，于世第一法的无间始入见道的圣者位，而以无漏的真智断尽八十八使的见惑，这种观证四谛的修位叫作见道。于见道所起的无漏智有二种，即法智与类智。法智就是观察欲界四谛法的无漏智，类智是类似法智而观察上二界的四谛法的无漏智，即：于苦谛观非常、苦、空、非我；于集谛观集、因、生、缘；于灭谛观灭、静、妙、离；于道谛观道、如、行、出等十六行相的。法智和类智又各分“忍”和“智”两种。忍是信任四谛理的智慧，有断惑的作用；智是能证四谛理的智慧，有证理的作用。忍位又叫无间道，智位叫作解脱道。无间道就是于今之一刹那能断去烦恼之意，解脱道就是已断烦恼而证得真理的阶位。即：解脱“惑”得到择灭之意。因四谛各有法智和类智故，总共为十六心。此中苦法智忍和苦法智，都为观欲界的苦谛。即：于忍位断十种见惑，于智证苦谛的真理。苦类智忍和苦类智是观上二界的苦谛，同断十八种见惑证得上界的苦谛理的。集法智忍和集法智是观欲界的集谛，断七种见惑，证集谛理的。集类智忍和集类智是观上二界的集谛，断十二种见惑，同证集谛理的。灭法智忍和灭法智，灭类智忍和灭类智及道法智忍和道法智，道类智忍和道类智，都同样地观欲界和上二界的灭谛和道谛，而各断灭、道二谛下的见惑，证二谛理的。即：以八忍断三界的见惑，以八智证三界四谛理。十六心中以前的十五心为见道。第十六心的道类智则摄于修道。于见道，虽也仅以十五刹那迅断迷理的见惑，但修道之迷惑，则不容易断尽了，因此需要很长的时间才能渐渐地断除。这种情形叫作：“见惑顿断如破石”，“修惑渐断如藕丝。”详如下表：

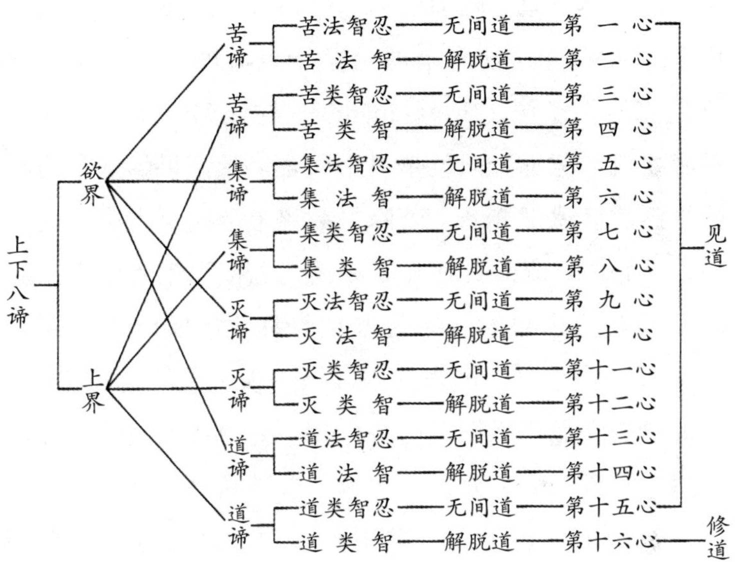

（五）修道

一、四向四果

自见道十五心断去八十八使的见惑，而自第十六心渐次修习至断八十一品的修惑位，叫作修道。八十一品修惑各有无间道和解脱道，自初无间道至最后的有顶地第九品无间道为修道。其解脱道即为无学道。见道至无学道共分为：四向四果。

四向四果就是预流向、预流果、一来向、一来果、不还向、不还果、阿罗汉向、阿罗汉果。预流向就是见道第十五心位，预流果即是第十六心的道类智位。预流是梵语须陀洹（Srota-āpanna）的译名。就是已预入圣者之流的意思。向就是对果而言。预流果的圣者因未断见惑故修惑都未断。若断尽欲界上上品至中中品的五品，而趋向一来果即叫作一来向。若断尽第六中下品的果位即名一来果。一来是梵语斯陀含（Sakridagamin）的译名。就是说，再来往人、天一次就能证涅槃之意。盖欲界的九品修惑润于七番生死。此中：上上品为最强的惑，润于二番生死；上中品、上下品、中上品的三品惑，各润于一番生死；中中品、中下品二惑，合润一番生死；下上品、下中品、下下品惑三品，合润一番生死。所谓一番生死，就是受生于人间一次，欲界天一次的意思。所以九品总共有七次往来。此中一来果是断尽六品故，余存的只为下三品。即：只残余润一番生死的修惑。所以叫作一来果。一来向的圣者中若断去前三品，即由于其余六品的修惑润三番生死。这种情形叫作“三生家家”。如果是断前四品，即由残余的五品修惑润二番生死，这种情形叫作“二生家家”。这又有“天家家”“人家家”之别，若于“三生家家”中，“天家家”即叫作天三人二。这可于人中得道后一度生于天上，次再经人之一生，天之一生，人之一生，最后得天的一生证道入圆寂。若是“人家家”，即叫作人三天二，初于天中得道，次再经人一生，天一生，人一生，天一生，最后得人一生入圆寂。“二生家家”之“天家家”和“人家家”，只是由前“三生家家”中减人、天一生。“天家家”是天二人一，“人家家”是人二天一。不还向是一来果的圣者再精进，断欲界修惑七八品，趋向不还果的果位，如果断了第九品即叫作不还果。不还是梵语阿那含（Anagamin）的译名。就是：即断尽欲界的修惑不再还生于欲界之意。不还果共有七种，即中般、生般、有行般、无行般、上流般、行无色般、现般。中般就是于欲界中，将生于色界的有位，这是名于般涅槃的；生般就是即受色界的本有不久将入般涅槃的；有行般即生于色界后由于长期的加行力将入般涅槃的；无行般即生于色界后，懈怠一向不修加行，经长久后入般涅槃的；上流般即生于色界后，再上生大般涅槃的；行无色般即自欲界直生无色界般涅槃的；现般即于欲界现生般涅槃的。又不还是无心定故，一名身证不还。

阿罗汉向就是，不还果的圣者再精进断色界初禅之修惑第一品至有顶地之第九品，趋向于最后的阿罗汉的果位。其最后的无间道一名金刚无间道，其定叫作金刚定。次之解脱道即是阿罗汉果。阿罗汉果是梵语（Arhat）的音译，为杀贼、不生、应供的意思。杀贼是杀害一切烦恼贼之意，不生是不再受三界的生死之意，应供是堪受人、天供养的人格者之意。阿罗汉果所得的智慧叫作尽智、无生智。尽智就是既知苦、既断集、既证灭、既修道的智慧。无生智就是于尽智后发生的智慧。以上的四向四果中前四向三果，因未断尽烦恼还有所学故叫作有学。最后的阿罗汉果已无烦恼，无所学故叫作无学。详如下表：

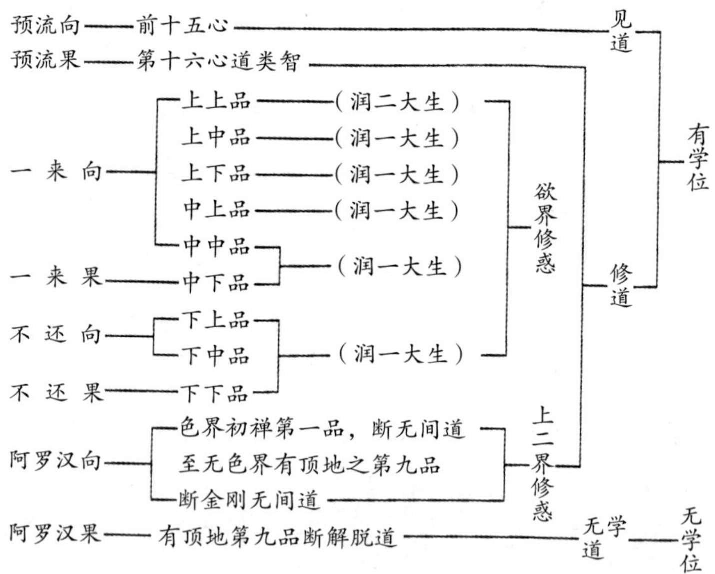

二、六种阿罗汉与二证

无学果的阿罗汉有六个种类，即退法、思法、护法、安住法、堪达法、不动法。退法就是遇疾病等少缘再起修惑退失所得的阿罗汉果，退堕不还、一来、预流之意；思法就是怕退失所证得的阿罗汉果，常想自杀入无余涅槃的圣者；护法就是于所得的阿罗汉果自能防护令其不失的圣者；安住法就是安住于所得的果位，如没有遇到强烈的逆缘亦自能防护不令退堕，但非强烈地加行不再进取的圣者；堪达法就是有堪忍的强力性质，好于修行炼根，达到不动的阿罗汉；不动法就是不管任何逆缘，都不会退堕的最利根者。

此六种中，前五者是属于钝根的阿罗汉，须入定解脱烦恼的系缚故，叫作时解脱。后者因随时随地都可以入定断烦恼的系缚故名不时解脱。

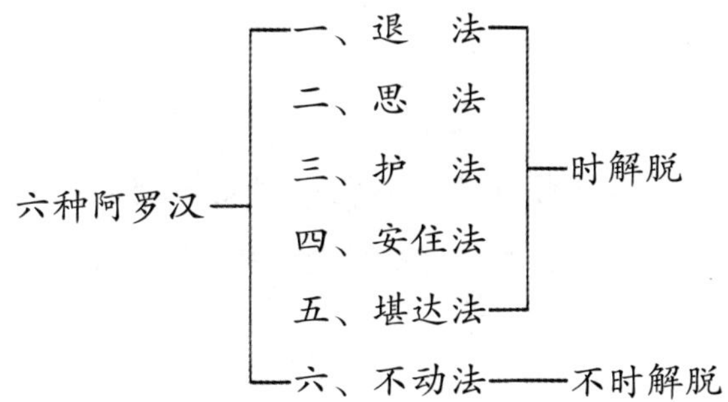

在上述的修道阶位中，自初之五停心位渐进一位，达到最后的无学果的，即叫作次第证，反之于见道以前的凡夫位，修有漏的六行观断修惑的一分，入于见道，或一果，或超越二果的，即叫作超越证。就是说，如于最初断掉欲界修惑的一品至五品即为预流向，至第十六心道类智为预流果。（这与次第证入同。）若断自第六品至第八品，即为一来向，至道类智成一来果为不还向。若断欲界修惑之第九品至无色界无所有处地，即为不还向，至道类智成不还果。有顶地的惑非有漏智所断故，不能于有漏位断除，所以不能入见道成阿罗汉向。

有漏的六行观就是于见道以前的有漏位修观有漏法的观法。对于下地即观粗、苦、障，对于上地即观静、妙、离。例如在色界初禅的近分定观欲界法，即把它观为是粗、苦、障的三行相。对于上地法，即观为是静、妙、离的三行相，然后彼此比较，以断欲界的修惑。这种有漏的六行观，对上地的断惑，其力微故，于自地的烦恼，难免有所“随增”，而无法断掉上地和自地的烦恼。这种上地、下地相望的观法，能断下地烦恼，但有顶地的惑，因没有再高的上地，因此超越证在见道以前所断的惑，只限于下八地的修惑。

（六）定的种类

定就是梵语禅那（Dhyana）的译名，为断惑证果的助缘，故被摄于三学、六度中。这共有三摩呬多（Samāhitā，译为等引）、三摩地（Samādhi，译为等持）、三摩钵底（Samāpattiā 译为等至）、驮那演那（Dhyana，即禅那，译为静虑）、质多翳迦阿羯罗多（Cittaikāgratā，译为心一境性）、奢摩多（Śamatha，译为止）、现法乐住（Dṛṣṭa-dharma-sukha-vihāra，四禅的根本定）等异名。就是把心住于一境界令其不散乱之意。据本论说，定可分为：四静虑、四无色、八等至、诸等持等种类。

（1）四静虑的静虑是禅那的译名，这共有四种类。即：具足不定地法的寻伺与遍大地法中之受心所的喜乐以及大善地法的轻安的初静虑与离寻伺唯具喜乐轻安的第二静虑离寻伺喜，唯具乐受的第三静虑以及通离寻伺喜的第四静虑。这复有生得定和修得定的分别。生得定是生来就具足定，为生于四禅、四无色界的有情所受的定地果报，一名生静虑。修得定是以修习的功夫所得的定。如：在色界、无色界中，依修因所得的禅定。这一名定静虑，为生静虑之因。

（2）四无色定是无色界的定，共有四种类。即：

空无边处、识无边处、无所有处、非想非非想处。这复有：生无色与定无色之别。但这里是指定无色而言。无色定虽与色界定同样，以善心一境性为体，但因离下地的烦恼不同故特别提出为四种类。就是说，若伏色界第四静虑的烦恼生于上地即叫作空无边处，若伏空无边处的烦恼生于上地即叫作识无边处，若伏识无边处的烦恼生于上地即叫作无所有处，若伏无所有处的烦恼生于上地即叫作非想非非想处。这本论说："下三无色如其次第加行时，思无边空及无边识，无所有故建立三名立第四名，由想昧劣，谓：无明胜想得非想名，有昧劣想故名非非想。"换句话说，前三名是于加行想，第四是约当体而言。即：在定前的加行中厌离色境，想无边空，若加行成就即叫作空无边处；若于加行中厌离无边空，想无边识，而加行成就，就叫作识无边处；如此于加行中厌离无色识，舍离一切寂然而住，若加行成就，就叫无所有处。至于非想非非想处，因无明慧的胜想故，叫非想，但亦绝非没有昧劣想故，叫非非想，因此合起来叫非想非非想。处就是境界的意思。

（3）八等至是合四静虑、四无色定的名称。等至为三摩钵底的译名，亦为定的异名。据"光记"说等至有二种解释。一、定在加行时离昏沉、掉举即叫作"等"，因此可以至定叫作“至”。二、定离昏沉、掉举即叫作“等”，因此能平等地至身心故叫作“至”。等至由其性质，复分为：味等至、净等至、无漏等至等三类。俗称三定。味等至是与贪、嗔等烦恼相应，味着于境界的定。反之，净等至是与无贪等清净法相应而起的有漏世善定。无漏等至是脱离烦恼苦染的无漏出世定，为发得无漏真智的最高微妙定。此中净等至复有：顺退分定、顺住分定、顺胜进分定、顺抉择分定等分别。

若在八等至的各各方便加行的定，即叫作近分定，不加行的叫作根本定。因根本定有八种故近分定亦为八种。近分就是近于根本势分之意，就是说，由定力脱离下地烦恼，得入根本定。可见近分定是为要达到根本定的方便加行的禅定，是伏下地烦恼所得到的禅定。此中，色界初禅的近分定是刚自欲界的散地移至定地，未达到定地的根本故叫作未至定。可见在初禅的根本定和第二禅的近分定之间另有一种中间定了。这一名叫作中间静虑、中间三昧，若修此即可得到大梵天的果报。这虽胜于初禅根本的有寻有伺定，但较差于无寻无伺定故，叫作中间禅。详如下表：

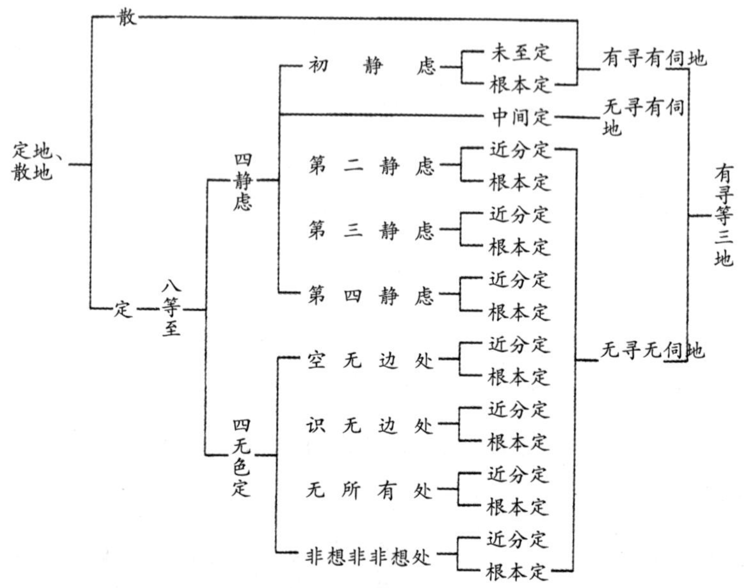

（七）三乘行果

三乘就是声闻、独觉、菩萨。声闻（室啰缚迦 Śrāvaka）是直接听闻佛说的四圣谛的弟子，若是利根即于三生，钝根即经六十劫的修行达到无学果，三生就是于第一生修资粮位（三贤位）；于第二生修加行位（四善根位）；于第三生入见道，修道后证无学果。关于一生的异说甚多，有的说是指我人一生的身；有的说是遇一佛出世的一生。例如：舍利弗即于拘那含牟尼佛所修资粮位，于迦叶佛所修加行位，最后于释迦佛所证果。六十劫就是于初二十劫修资粮，次二十劫修加行，后二十劫入圣得果。其修行的情形如上述。

独觉（钵刺医伽佛陀 Pratyeka-buddha）一名缘觉，这是不依佛教，独自修观十二因缘开悟的弟子。这分为二类，一为：部行独觉，二为：麟喻独觉。部行独觉是多人相集观十二因缘的无师独悟者。麟喻独觉是恰如麟角，单独一人在无佛的时候由于飞花落叶引起修观十二因缘的无师独悟者。这种人如果是利根者即经四生，钝根者即经百劫的修行而得悟。四生是：在第一生修声闻的资粮，第二生修声闻的加行，第三生修缘觉的资粮和加行，第四生入圣得果。百劫是：于初二十劫修声闻的资粮，于第二的二十劫修声闻的加行，于第三的二十劫修缘觉的资粮，于第四的二十劫修缘觉的加行，于第五的二十劫入圣得果。独觉因较声闻利根故不分四果的阶位，只有一果。其断惑的顺序最初亦以有漏智来断欲界的见、修二惑，而自加行位直入见道，以八忍、八智十六心断上二界的见惑，更入修道于无间和解脱的二道各起七十二心，断上二界的七十二品修惑，证无学果报。这叫作独觉的一百六十心一座成觉。

菩萨（菩提萨埵 Bodhisattva）是经三祇百劫的修行圆成佛果的弟子。即：于初三无数劫修菩提的资粮，于次百劫修相好行，下生王宫逾城出家以无漏道断下八地的烦恼后，复于菩提树下入见道，起八忍、八智十六心，断有顶地的见惑。又于九无间、九解脱十八心，断有顶地的修惑。所以总共以三十四心成正觉。这叫作三十四心断结成道。在此我们要特别注意的，即有部宗只承认三千大千世界中只有一佛，绝无二佛的出世。

（八）二种涅槃

俱舍宗把佛教最后的理想境——涅槃分为二种。一为有余依涅槃，二为无余依涅槃。有余依涅槃简称有余涅槃，这是指已证无学果的圣者，尚有宿业所感的依身之意。在此位的圣者已成就三明、六通、四无碍解等法，并能教化众生。三明就是：一、宿住智证明（知见过去的因缘、行业等智明）；二、死生智证明（已证知三世因缘的智明）；三、漏尽智证明（断尽烦恼得漏尽智知不再轮回生死的智明）。六通就是：一、神境智证通（能自由自在变化的通力）；二、天眼智证通（能自由自在地彻见一切世间种种形色苦乐相）；三、天耳智证通（能自由自在地闻一切音声的通力）；四、他心智证通（能自由自在地识知他人心内之通力）；五、宿住随念智证通（能知过去的自、他一切因果的通力）；六、漏尽通（断尽见、修二惑证涅槃出离三界果位）。四无碍解就是：一、法无碍解（通达一切法的名字）；二、义无碍解（通达一切法的义理）；三、词无碍解（通达一切言语）；四、乐说无碍解（能自在地随众生所欲而说法）。

无余依涅槃简称无余涅槃，这是灭尽身心空空寂寂的境界，故叫作灰身灭智。这是小乘佛教的究竟理想。

俱舍成实宗史观

杨白衣

一、绪论

凡一种学说的成立及流传于世，必有其独特的价值和历史的背景，所以在讨论本题以前，我们对于当时的思想以及概况，必须先有一个概括的认识，比较容易了解。因此先把当时佛教界的概况略述如下：

佛灭后不久，迦叶、阿难等五百位大弟子，在阿阇世王的拥护下，于王舍城南毗婆罗山的七叶窟中，结集经、律、论三藏圣教，当时未能参加的大众也在窟外，同时结集经、律、论、杂、禁咒等五种法藏；这就是所谓的第一回结集。

这次结集的结果，使后一百年间，在教义上未发生争执，一直到佛灭一百二十年纪时，始发生了毗舍离国的十种非法（南传说）和大天五事（北传说）的争论，于是上座、大众二部就根本分裂起来，甚至到分河饮水不可相容的地步，因此就有第二回结集的必要。在根本分裂后，各教团虽然一时归于平静，但又由于教义上所持的异议，复发生了分裂，这即俗称的枝末分裂，也就是部派佛教时代——小乘佛教登峰造极的时期。此后上座部历经了七次的分裂，后集成为十一部；大众部经过了四次分裂，成为九部，在四五百年间佛教教团共分裂成有二十部派之多。如大史所说："圣教之结集，始于大迦叶波等诸上座，故名曰上座部。于佛灭后一百年内一体和合，自此以后则有他部之教法产生。"我们由是可推知大众部的分化，自始于第二回毗舍离结集。

关于这些派系的分裂情形，虽然南传和北传的说法不一，但一般都认定为：

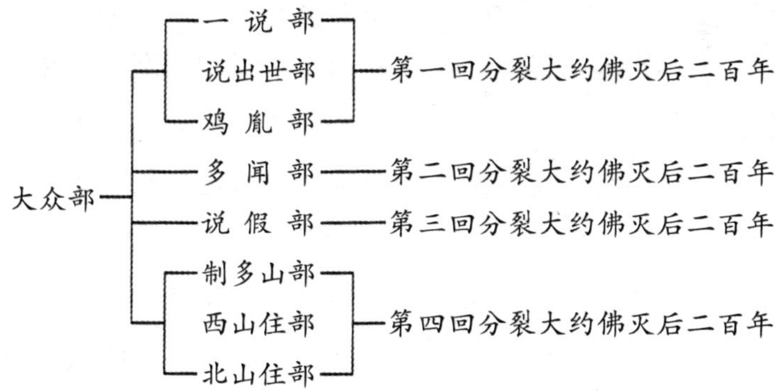

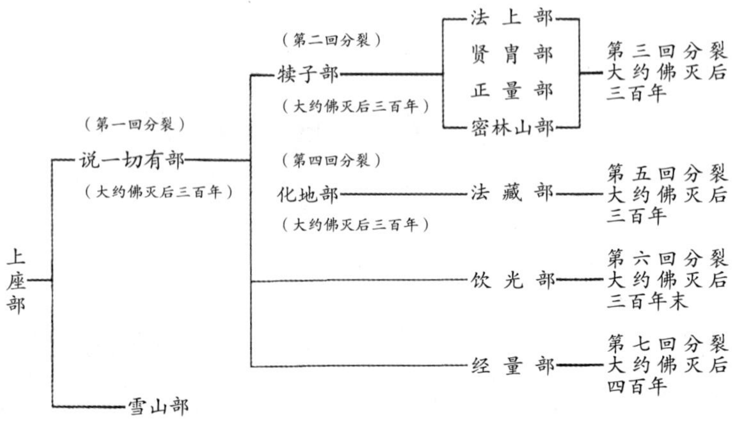

此二派系中大众部系因崇尚思想自由，摄取了印度宗教哲学思想，后世发达为大乘佛教，可说使佛教在思想上、学说上，得到了一大进步，但这一演变由一向与佛教对立的印度教方面看来，实不异被它们所同化而成功的印度哲学的一种进化派而已。且后世大众部随其路线发达，更渐失其独立精神，趋入衰退的状态，终于绝迹于印度。

上座部对其反对派（大众部）的自由思想运动，摄取阿含圣经的精要，自成了有部、经部等二部的教义，而仍存至今。又上座部为了表明佛教的正幢，更特别树立破邪的标准，结集成七种阿毗昙，大肆宣扬阿毗达磨至上主义，因此产生浩大的毗昙文学。现存的汉藏，可说其中大半都属此类。关于这些论典中，有关有部的阿毗达磨论，若由历史上来分析，大体有三期，兹将其代表作分述如下：

第一大成期——诸阿毗达磨论——《六足》及《发智》等七论。

第二建设期——阿毗达磨论——《阿毗达磨大毗婆沙论》。

第三整理期——诸阿毗达磨论——《阿毗昙心论》《阿毗昙心论经》《杂阿毗昙心论》《阿毗达磨俱舍论》等。

可惜，大众部系由于过早融合于大乘佛教故，未有论书的出现。所以我们只好仅从《异部宗轮论》《论事》等上座部系的著作中，去略窥其思想而已。佛教在派系时代，论藏的研究渐次旺盛，创作特盛，尤以有部确立了很多法相，其第一期的作品便是《六足论》。这些论说经过迦旃延归纳，著了《发智论》，成为第二期的作品——论书。可是《发智论》的论说，仅止于法相的骨骼，至其内在的义理却很难理解，所以当时（公元前后）的诸长老，为了要介绍有部派内以及其他学派的诸学说，深入浅出地说明有部正统派的立场，于是对《发智论》附加了注解，这就是有名的《大毗婆沙论》二百卷。有部的法相，至此可说是达到了登峰造极的时期。

后世的诸论说，无不依奉为宝典仰赖“婆沙”。

在第二期告一段落后的有部，随时间的迁移，逐渐发现其本身——《婆沙》的组织不完全。例如袭用“发智”的组织划分的杂蕴，乃至见蕴的八蕴分类法，不但毫无任何统一原理，且嫌过于致密、复杂，初学者无法把握其法相的全貌故，为了补救这种缺陷不得不加以改善，迫切需要有一种入门书了。于是出现《鞞婆沙》十四卷。据西域记的记载，此外尚有许多类似的著作。但这些入门书，毕竟是依据“婆沙”的组织而来的“八犍度”的分类，故仍无法脱离旧套。这时为了另树立新作风，致力于新组织运动，于是产生了法胜的《阿毗昙心论》，从此又进入了第三期。察《阿毗昙心论》是“发智”以来，不依八犍度分类的崭新组织书。它把《界品》至《论品》的十品，由大体上纳入四谛，并将浩大的《婆沙》内容抽出二百五十偈，仅赋予简单的长行。即：现在的《阿毗昙心论》四卷。可惜，此论因过于简单，仍无法适用于初学者，因此连续又产生了很多注释书。如现存的优婆扇多的《阿毗昙心论经》六卷、法救之《杂阿毗昙心论》等，就是这一类的作品。尤以后者为此改变的佳作，亦即是有部论书第三期的大集成。

论藏虽然很难肯定为佛陀亲口的说法，但于佛陀时代，对法的定义、分别以及解释等，确已有相当的发达。例如在《杂阿含经》第二十五卷中，有“彼即于我法中出家学道通三藏”，另《中阿含经》第二十一《真人经》中有“复次或有一人，诵经，持律，学阿毗昙，谙阿含慕，多学经书”等说明。又在公元一世纪顷成立的《弥兰陀王问经》中，也有“三藏”的名称。综上述的经证来看，论藏的成立实可以判为公元前的产物。不过其成分在第一、第二结集时尚未发达到独立的程度而已。按论藏的初型，大约是佛灭后二百五十年纪，当“经”“律”二藏完全成立后，才产生的论著——《毗崩伽》。《毗崩伽》共有十八章，这是依据经典加以问答方式来解释主要教理的。次于《毗崩伽》之后，始产生的有《法僧伽》。《法僧伽》是以心为出发点，叙述世间成立的论书。此二种论书，后来随时代的演变和思想的进化成为四谛，更由于学派的分裂，终变成为七论。七论的成立，大约在佛灭后二百五十年至四百年纪。

佛灭后一百年纪，提婆设摩著《识身足论》十六卷（玄奘译），以驳斥目犍连的过未无体说及有我说。传说，当时瞿波曾著《圣教要实论》，力主有我说，可惜已失传。其后阿育王师邬波毱多所著的《理目足论》，虽然为《俱舍论》援引，可惜也已失传。

正当部派分裂时，迦多衍尼子著《发智论》二十卷

（玄奘译），成为有部系的系祖，以集一切有部教义的大成。此书与《六足论》并称有部系之七论，而为有部主要的圣典。之后世友（筏苏密多罗）著《品类足论》十八卷（玄奘译）、《界身足论》三卷（玄奘译），广为弘传有部的教义；这些论书均被摄于《六足论》中。此外他又著有叙述诸部教义的《异部宗轮论》一卷（玄奘译）。传说《尊婆须蜜菩萨所集论》十卷（僧伽跋澄等译），也是他的著作。另经部之本师童受（鸠摩罗陀）所著之《日出经》和《喻鬘论》；胜受（室利逻多）所著之《经部毗婆沙论》；世友所著之《问论》等论书，均已失传。除上述之外，另有其他教系不明的妙音（瞿沙）之《甘露味论》二卷（玄奘译）。

就中值得介绍的，有迦腻色迦王时代请胁尊者（波栗湿缚）和世友为主编，而编纂的《大毗婆沙论》二百卷（玄奘译）。《大毗婆沙论》是用以注释《发智论》，为集成有部教义的巨著。这是一部极端发挥多元论的论书，此论问世后引出主张极端空论的诃梨跋摩著的《成实论》二十卷（鸠摩罗什译）。之后世亲为了讨论此二论的得失，折中地著作了《俱舍论》。《大毗婆沙论》问世后，法胜（达摩尸利）因鉴于“婆沙”难懂，因此著作了入门书——《阿毗昙心论》四卷（僧伽婆罗译）。其后优婆扇多更著《阿毗昙心论经》六卷（那连提耶舍译）。这时法救（达摩多罗）为求“婆沙”“心论”普遍平易，另著《杂阿毗昙心论》十一卷（僧伽跋摩译）及《五事毗婆沙论》二卷（玄奘译）。此外婆薮跋摩著《四谛论》四卷（真谛译）；世亲的师父悟入（塞建地）著《入阿毗达磨论》二卷（玄奘译）。

总之，“婆沙”编纂以后曾陆续产生了许多注释书，但其中真正能发扬小乘佛教，且至今仍被钻研不绝的，可说是世亲的《阿毗达磨俱舍论》。

公元前三世纪顷，阿育王致力于佛教的弘扬，以目犍连子帝须为上座，而召集第三回结集，并订正三藏教典决定上座部为正统传承（南传说），遣派传教使节四处布教等。但北传的上座部终由于保守过分，和地理、气候等生活环境不如南方那样合适，因而归于失败，致使“说一切有部”取得代替地位。现今南方佛教无法北传的理由，也即在此。

说一切有部的成立年代以及系统等，因异说纷纷很难确定，但若就有部自身的说法，自认为是上座部中最古的正宗，可是南传却说它是自“化地部”分化而来的一派。此二说，若就历史来看，也许后者较为正确。大约是公元前一世纪时，自西北印度的迦多衍尼子（旧译迦旃延），整理有部教学著作《阿毗达磨发智论》（旧译之《八犍度论》）后，始成为一派而独立的。传说，收集有部教义的《大毗婆沙论》，本拟在第一回结集的灵迹——王舍城编纂，但因该地外道很多，论难极盛故无法应付，因此易地在迦湿弥罗举行。我们由此传说，也可推想当时的迦湿弥罗是如何地成为有部的主要根据地。然而，与迦湿弥罗的有部相对峙的，尚有犍陀罗国有部的另一派，即俗称之四方师、外国师。如“婆沙”四大论师中之法救、妙音、觉天，即是此派系的人。《俱舍论》的著者——世亲，本是犍陀罗国人，起初于有部出家，后私淑经部，当然也是属于犍国派了。

小乘的论藏，北方以说一切有部为代表，南方则以锡兰的上座部为代表。但锡兰上座部的：《人施设论》《界论》《法聚论》《分别论》《夜摩迦论》《发趣论》《辨宗义论》等七论，相传除《辨宗义论》为阿育王之目犍连子帝须所作外，其余六论均为佛说。然而，北传说一切有部的：《集异门足论》二十卷、《法蕴足论》十二卷、《施设足论》七卷、《识身足论》十六卷、《界身足论》三卷、《品类足论》十八卷、《发智论》二十卷，即通为迦旃延那等弟子所作。如此，南、北两地的佛门弟子，对论藏的看法自古以来即有悬殊的差别。

综上所述，有部的教学，大体上可分为正统迦湿弥罗系和经部犍陀罗系二系。然而，此二系中以“理长为宗”的态度而组织小乘教学的，可说唯有世亲。

世亲是佛灭后九百年纪，诞生于犍陀罗布路沙布逻的婆罗门族的第二子。姓憍尸迦，兄弟三人，首先均叫作婆薮槃豆。长兄先于有部出家，跟宾头卢·颇罗堕学习小乘空观，后因感不满而转学大乘空观。小弟起初也跟有部出家，得阿罗汉果改名为邻持跋婆（师子觉）。世亲与二兄弟同样，初于有部出家，于学习经部教义有所领悟，遂怀志改善有部教义。因鉴于当时迦湿弥罗的有部教徒，不准教义流传国外，遂隐名易装潜入迦湿弥罗，投入悟入的门下，从事四载刻苦学习。因他屡以经部的思想排难有部教义，因此受到悟入门下的嫉妒和迫害，只得返回故国——犍陀罗。返国后他曾为众弟子讲解“毗婆沙”，并将每日所讲的内容造成一偈，总共得到六百颂，撰刻于赤铜叶，标于香象，这就是有名的《俱舍论本颂》。世亲另昭示“如有人能破者即赏予大礼”，可是无人能对。因此，他另派人抄送至迦湿弥罗国，给国王与那些有部教徒。那时有部教徒和国王都以为该是弘扬自宗的有力大作而大喜，可是悟入却不以为然，说：“非我宗义，颂用传说言怀不信也。请其解释自明。”于是请国王召世亲作释。世亲作了《释论》（长行之部分）之后，复加“破我”一品成为九品三十卷的大作——《阿毗达磨俱舍论》。因他在释论中，屡对有部教义加以取舍，并以经部义辅释故，有部教徒始恍然大悟，极为震怒，尤其是悟入的弟子众贤（僧伽跋陀罗），在愤怒之下曾下了十二年的工夫，著成《俱舍雹论》八十卷，用以驳斥世亲的《俱舍论》。传说他还另著了《显宗论》四十卷，与世亲辩论长短得失，并亲率门下英俊五三人，造访世亲。世亲这时适在遇磔迦转学大乘，为了避争故，飘然到中印度去了。但众贤又赶追之，当赶至秩底补罗国时很不幸，众贤忽觉气衰，于是裁书托门人奉谢世亲说："如来寂灭，弟子部执，传其宗学，各擅专门，党同道，疾异部。愚以寡昧，猥承传习，览所制《阿毗达磨俱舍论》，破毗婆沙师大义。辄不量力，沉究弥年，作为此论，扶正宗学，智小谋大，死其将至，菩萨宣畅微言，抑扬至理，不毁所执得存遗文，斯为幸矣！死何悔哉！"世亲阅后赞说："众贤论师，聪敏后进，理虽不足，辞乃有余，我今欲破众贤之论，若指诸掌，顾以垂终之托，重其知难之辞，苟缘大义，存其宿志，况乎此论发明我宗。"遂为之改题为《顺正理论》。这种风度实使人钦仰。（请参阅《西域记》卷四）

二、本论

（一）俱舍宗

一、序言

俱舍宗是以世亲的《阿毗达磨俱舍论》三十卷为所依，并且以《六足》《发智》七论及《大毗婆沙论》为旁依，目的是说明“人空法有”为宗旨的学派。《俱舍论》如绪论所述，是根据阿含经和律，以及有部的诸论，论述小乘佛教的精义和印度一般的宗教哲学，并被誉为“聪明论”。

关于本论的系统问题，自古以来就被认为是一种难题——名所，而由学者间研究讨论。因为世亲的立场，以理长为宗，所以在论中自由地研究法相的问题。例如他一面在序颂中说“摄彼胜义，依彼故此立对法俱舍名”，一面却列举经部、有部的教理说：“如是二途，皆为善说，所以者何？不违理故，我所宗故”（论四）；有时他自命为有部宗徒且列举有部、经部的教义，认为“前说为善，我所宗故”（论五），但有时对有部宗却用“传说”二字，表其不可深信等，实难于决定其系统问题。可是众贤力主《俱舍》为经部系。总之，世亲造此论的主要目的，在明叙毗婆沙师的宗义。如他在《定品》末文曾说：“议迦湿弥罗国毗婆沙师阿毗达磨（对法），理善成立。我多依彼释对法宗，少有量贬者，为我过失。”那么，毗婆沙师所谓的对法宗，究竟又是指的什么呢？换一句话说，一切有，究竟是什么派系呢？其宗义又是如何呢？关于这些问题，我认为可以从：一、毗婆沙师的宗义，二、世亲立论的立场，三、内容，加以研究讨论，就可以得到解答。现略述如下：

一、毗婆沙师的宗义：《俱舍论》中所谓的毗婆沙师，是指小乘二十分派中，说一切有部宗（略称有部宗或有宗）所属的毗婆沙师。所以毗婆沙师的宗义，也即是有部的宗义。当时的毗婆沙师但在本论所介绍的，有迦湿弥罗国的毗婆沙师，犍陀罗国的毗婆沙师，以及西方的诸师。关于这些毗婆沙师所宣扬的宗义，我认为可以由有部所依的论书来考究。因为：

（一）经的性质，本来应该是属于各宗各派，不能以片面的看法加以武断它的部属问题，但在长时的传持上，未免含有浓厚的部派色彩。例如，现存四阿含中的《杂阿含经》和《中阿含经》，所含的内容，则有部色彩较为浓厚，常为《大毗婆沙论》和《俱舍论》所援引。可是话还得说回来，经还是经，我们想从经中直接找出有部独特的思想，还是很困难的。

（二）律的性质本来也和经一样，在本质上应为佛教各部派共通的，但因为它是各教团日常生活的准则，是故在传持上，部派的色彩比较“经”为浓厚。这我们可从教团分裂主因——耶舍十非事的史实来推想。

一般公认为有部现存的主要律典，共有：《十诵律》（六十一卷）、《萨婆多毗尼毗婆沙》（九卷）、《萨婆多部毗尼摩得勒伽》（十卷）、《根本说一切有部毗奈耶》（五十卷）、《根本说一切有部毗奈耶出家事》（四卷）、《根本说一切有部毗奈耶药事》（十八卷）、《根本说一切有部毗奈耶破僧事》（二十卷）、《根本说一切有部毗奈耶杂事》（四十卷）、《根本说一切有部尼陀那目得迦》（十卷）、《根本说一切有部百一羯磨》（十卷）、《根本萨婆多部律摄》（十四卷）。

由上所述，从经、律二藏，固可窥出各教派的特色以及轮廓，但要详细地广释以及明了它的任务，那就必须仰赖论藏了。本宗所依的论典，已在《绪论》叙述，故不再重说。

关于有部宗一般的宗义，《异部宗轮论》也略有概括的说明，即：

（一）有部宗各部系的一般教义，如它名称上的含义——一切有——是将一切有为法、无为法，通通认为“有”的宗派。普通以“三世实有，法体恒有”，为有部宗的宗义。三世就是：过去、未来、现在。但所谓的“实有”，并非指“时间”，而是指一种“世无别体，依法而立”而言。又本宗为要针对外道的错谬实在论，特别把一切现象——法，分为五位七十五法，建立“无我缘起论”（当然这些法数的确立是始于我国《俱舍》的权威，普光法师所著的《俱舍论记》，《俱舍》本身仅有五位七十一法），因此对法相的彼此关系，即以“得”和“非得”——不相应来说明。

（二）本宗所建立的无我缘起论的主要目的，在于涅槃的实证。而涅槃就是一种无为、安稳、寂静的境地。所以有部宗以灰身灭智为真（无为）涅槃（这为大乘所破）。有部宗为了求证涅槃，又建立四谛十六行相的圣道门，为其修道的前后程序。

（三）圣道的实践——修行，当然要有一种止诸染污恶业，并且增进善业——清净业的功夫。本论的《业品》就是说明这些善恶的修行法的。宁可说，佛教的业论完成于此亦并非过言。有部诚对于三世因果业论的建立，给予佛教的影响极大。至于它在佛教教理上的功过如何，我们暂且不谈，但就为佛教徒业论（戒行论）的出发点，即应归功于有部宗。例如表业、无表业的建立，就是有部教义的伟大成就。

（四）根除染污恶业，得清净业（正语、正业、正命等）的方法，究竟要如何呢？那即在烦恼的根除了。我相信在说明烦恼的论书中，绝没有可与《大毗婆沙论》匹敌的论书！本论诚对于随眠（烦恼的异名）的随增，所缘缚、相应缚等，细而微的论述甚详。

（五）烦恼的根本，就是俗称的无明——根本无明。这是根本佛教以来，为说明生死轮回的通则，所以本宗亦不能例外，也将烦恼的根本归于无明。

（六）有关器世间——天地的构成以及有情的种类等，在《长阿含·世记经》中虽然也有详细的说明，但真正能加以组织而发明的，即应以有部为准。

二、世亲立论的立场：如上所述，世亲为了整理和改善有部教义，以“理长为宗”的立场，很客观地批判了法相，而欲从法执分别的阿毗达磨地狱，挽救有部教徒，因此才著了《俱舍论》。考其出发点如下：

（一）他对于有部教义的整理和组织，从一向杂乱的《发智》《大毗婆沙论》(虽然《发智》有杂蕴、结蕴、智蕴、业蕴、大种蕴、根蕴、定蕴、见蕴八蕴四十四纳息的分类，但其内容未加整理）的重要问题以及内容，很直截了当地分为二门，以契四谛的精神。即：

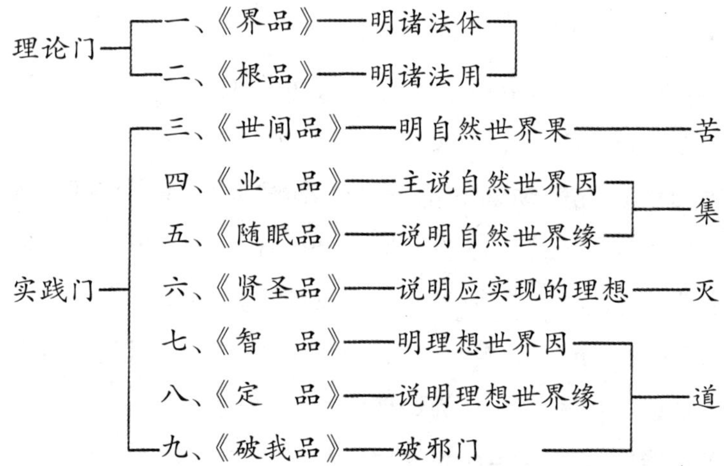

（二）世亲以“理长为宗”的立场，弹劾婆沙师的法相问题。例如：他一面赞经部师的“形色非实有论”，一面却指责身表、无表业的实有说。尤以诸业中，重身、语二业的问题，极力主张重“意”说。又有时责有部以十二缘起的分位五蕴自性的错谬，以经部一切无为法“非实有”的学说，驳斥有部宗。其中对有部的三世实有论，更以大众部和大乘的共通思想，主张“本无今有，有已还无，是则三世义”。如此他采取经部的殊胜要义，以补救有部的缺陷，给予有部另开出一块新天地。“本论”诚为有部发展史上一划时代的宝典；所以历史家都把《俱舍论》编纂前的有部叫作旧萨婆多，出现以后叫作新萨婆多。

三、内容：《俱舍论》内在的大意留在后段再述，现先就各品的梗概略述如下：

（一）《界品》（第一至第二卷）：本品是明诸法体为目的的。所谓的“诸法体”，就是指一切万有的种种法，如有漏法、无漏法等五蕴、十二处、十八界等三种。就中对五位七十五法中之三无为、色法十一、心、意、识的说明颇有发挥。

（二）《根品》（第三至第七卷）：本品是明诸法用为目的的。即：首先把一切有情，分为二十二种。之后更把它分为有漏、无漏等多门，以说明其性质以及在种种情况中的诸根得失，以便确立五位中的心心所法、心不相应法。在最后又述及六因四缘论。

（三）《世间品》（第八至第十二卷）：此品是属于苦谛门。首先说明有情世间的种种相，然后再依十二因缘的三世两重思想，说明轮回转生的相状（佛教的“中有论”在此论述甚详），以及器世间——三千大千世界的构造，空间、时间的量论，诸佛出世的时期，一切世间的成、住、坏、空四劫论等。

（四）《业品》（第十三至第十八卷）：此品是广说人类一般的善、恶行为的部门。首先力主有关善、恶的表业、无表业等问题，然后再说明别解脱律仪——受戒，以及经中所说诸种业的分类、根本的善恶、十业道等。

（五）《随眠品》（第十九至第二十一卷）：此品是说明诸染污恶业的根本因——烦恼（惑）为目的的。首先说明九十八随眠所引起的见所断惑（迷理惑），和修所断惑（迷事惑）的性质，兼述随眠之随增问题，以及三世实有论。其次述说经中所说的诸种烦恼的分类以及如何根除烦恼的要道。我们由此可知道《随眠品》和《贤圣品》是属于集谛的部门。

（六）《贤圣品》（第二十二至第二十五卷）：本品首先说明四圣谛，以及圣者预备门的三贤四善根位，和其修行法、见道位、修道、无学位（预流、一来、不还、阿罗汉果）的阶第。其次说明修行要道的三十七菩提分法。因这些是说明各阶位的择灭世界，故属于灭谛。

（七）《智品》（第二十六至第二十七卷）：本品就是说明贤者、圣者因的智慧部门。最后段说明了忍、智的区别以及十智相、佛十八不共法、罗汉六通法等。

（八）《定品》（第二十八至第二十九卷前半）：定是获得智慧的唯一条件。所以首先说明四禅、四无色等禅定，以及由禅定可得到的无量解脱胜处、通处。

（九）《破我品》（第二十九后半至第三十卷）：本品就是上述种种无我理的总结，也就是驳斥邪执的最后一品。

综上所述，《俱舍》和《唯识》同样，是一种难解的学科，必须要经过一段研究，始能要约其思想。研究《俱舍》的难题——名所，古来说有十五处。此中，佛与二乘之不染污、无知问题；烦恼相应缚以及有关所缘缚之五缚段；无表色论；得非得论；有为法体灭、用灭的问题；六因四缘论；贤圣品中之四善根位的减缘、减行的问题等，最为有名。

笔者谨以研究《俱舍》的要道奉告初学者，即：首先深切理解七十五法，次读《世间品》和《定品》，然后再继续读原理方面的《界品》《根品》，这样循序渐进，不但研究起来较有兴趣，而且可不至感觉困难。

二、《俱舍论》的大纲

《阿毗达磨俱舍论》，意译为“对法藏论”。对法是指“发智本论”而言，这有两种意义：一、是对向涅槃义，二、是对观四谛义。现先述“本论”的组织如下：

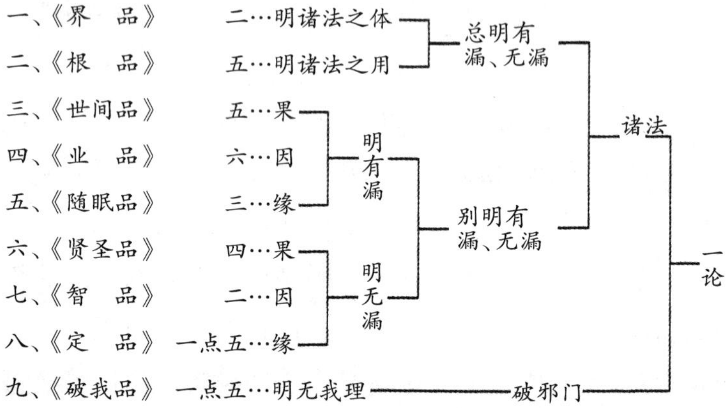

古来为了容易记忆品名起见，有所谓“界二根五世间五，业六随三贤圣四，智二定二破我一；是名俱舍三十卷”偈。

关于“本论”所立的“法体实有”学说的根据，大体上是立定于教证和理证二面的根据。第一的教证有二点，即：一是《阿含经》卷三之“过去、未来色有故，圣弟子众于过去、未来色修厌舍，或得断欣求”；二是《杂阿含经》卷八之“识二缘生。其二者何？谓眼及色，广说乃至意及诸法”文。第二的理证也有两点根据，即：一是引“以识起时必有境故”文，肯定有去来世缘境识者，必有去来世法；二是引“已谢业有当果故”文，肯定无过去世的业体，即无当来果故，必定有过去世法。

假如三世的法体是实有的，那么三世的区别又将如何呢？关于这，古来共有四种说法，即：

一是尊者妙音之“尊者妙音作如是说：‘由相不同三世有异。彼谓：诸法行于世时，过去正与过去相合，而不名为离现未相。未来正与未来相合，而不名为离过现相。现在正与现在相合，而不名为离过未相。如人正染一妻室时，于余姬胜不名离染。’”

二是尊者觉天之“尊者觉天作如是说：‘由待有别三世有异。’彼谓：诸法行于世时，前后相待立名有异。如一女人名母名女”。

三是尊者法救之“尊者法救作如是说：‘由类不同三世有异。’彼谓：诸法行于世时，由类有殊非体有异。如破金器作余物时，形有殊而体无体……如是诸法行于世时，从未来至现在，从现在入过去，惟舍得类非舍得体”。

四是尊者世友之“尊者世友作如是说：‘由住不同三世有异。’彼谓：诸法行于世时，至位位中作异异说。由位有别非体有异。如运一筹，置一名一，置百名百，置千名千”。

世亲对这些异说的批评是：“第一（指妙音）所立

世相杂乱，三世皆有三世相故”；“第二（指觉天）所立前后相待，一世法中应有三世。谓：过去世前后刹那应名去来中为现在。未来现在类亦应然”；“第三（指法救）执法有转变故，应置数论外道朋中”；“此四中第四（指世友）最善。以约作用位有差别，由位不同立世有异。彼谓：诸法作用未名为未来，有作用时名为现在，作用已灭名为过去，非体有殊。”

如此世亲对这些问题，加以批评后，复援引经部的“现在实有，过未无体”说，驳斥实有说。所以他结论为：“故不许法本无今有，有已还无则三世义，应一切种皆不成立。”

万法论：法的意义虽然很难解释，但可以要约于四种，即：一是“任持自性轨生物解”的法——原理、真理、规范、法则等；二是显现于自然的一切现象；三是说明真理的言说——教法；四是现于行为上的善法。恶行不契于真理故，叫作非法。现在以一切现象的法为中心，叙述如下。

本论把一切万有大别为两种，即：一是有为法；二是无为法。为就是作为、造作的意思，它含有生灭变化的意义。有为法就是指由因缘所造作的一切，有时间性和染净差别。无为法就是指没有生灭变化的常住法，已舍离了一切作用的法，如灰身灭智——涅槃等类。

俱舍宗把经典中所说的一切法，分类为五蕴、十二处、十八界三科后，再细分为七十五法。其关系如下：

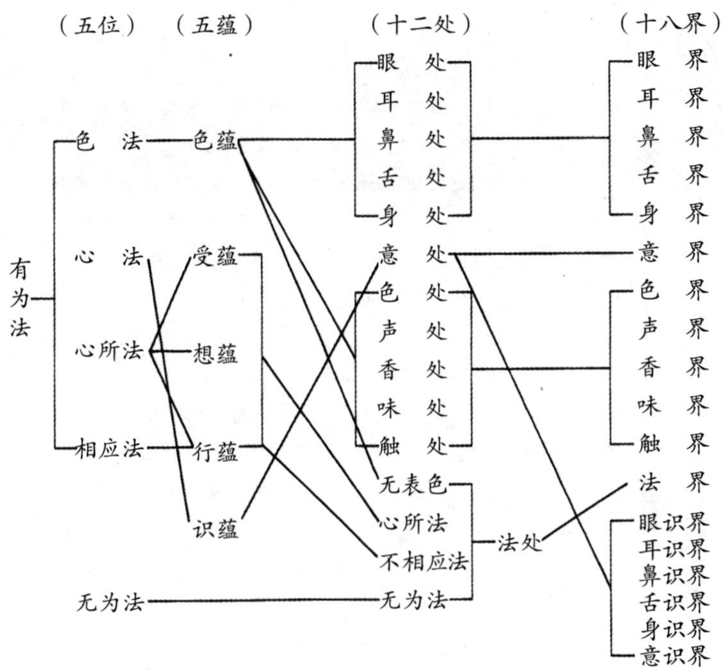

此中无为法不摄于五蕴故，没有积聚的意思，唯有十二处、十八界摄尽了一切有为、无为。

五位七十五法的名称，如下表：

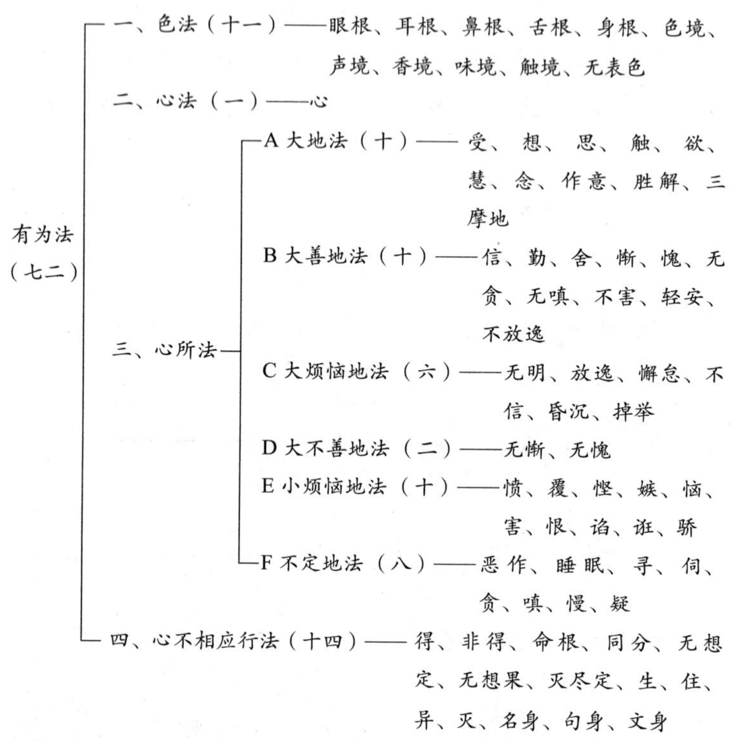

无为法——五、无为法（三）——虚空、择灭、非择灭

五位中第一“色法”，有变坏和质碍的两种意义。《俱舍》的说明，凡是有形状的色法，都由极微所成；极微就是把物质分得无法再可分的“无方分”。它的构造必以一极微为中心，四方上下均有一微聚。如果微聚

以同样的方法相集，每加七倍即成为有形的物质。又每一极微均有坚、湿、暖、动的四种性质故，叫作四大（地、水、火、风）。

五根就是我人的感觉器官，五境就是感觉器官的对象（境）。此中，“色”有显色、形色、表色之分，但表色除了有部以外，其他的教派，均视为色法。

心法就是我人的心的主体，因为它统括一切心所法故，另名心王。心所有法是附属于心王的心理作用——心的附属品，这总共有大地法（十）、大善地法（十）、大烦恼地法（六）、大不善地法（二）、小烦恼地法（十）、不定法（八）等六种。

不相应法，具说心不相应行法，这是依附色心动作的一种势力，有显、潜两种区别。因为它既非色，亦非心故，叫作不相应法。

无为法共有虚空——空间、择灭——涅槃、非择灭——缘缺不生之灭的三种。（关于七十五法的简单说明请参照拙著本丛刊㉒《俱舍论研究（上）》页三八）

总之，七十五法不外是一切万有的客观分类——要素，所以它必须待种种因缘始能构成。《俱舍》把这些因缘综合为六因、四缘、五果加以说明。其关系如下：

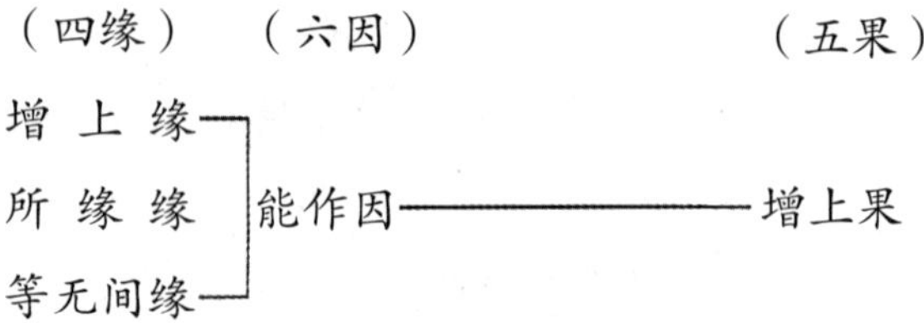

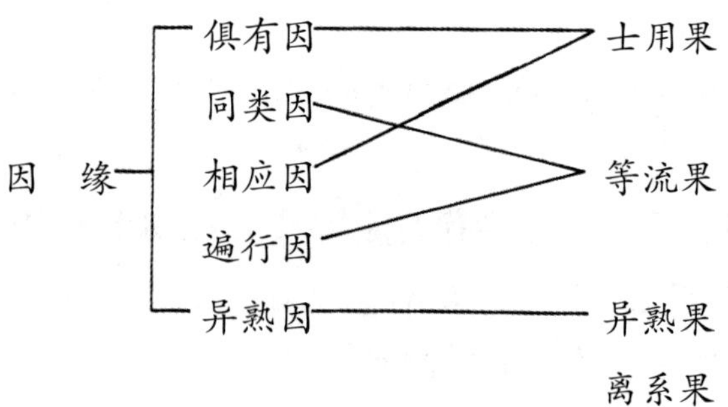

因缘就是因即缘的意思，为了二者的分别，因约直接原因，缘约间接的原因。因这两种都为一切诸法生灭的原因，所以通常以因缘来称呼。增上缘是指帮助法的生成而不为障碍的，凡是果以外的一切法通通叫作增上缘（与能作因同样）；所缘缘就是心法所有的缘；等无间缘是就心、心所而说的缘。

能作因是对于结果能为因为缘的。因为它包含一切的原因，故其得到的果叫作增上果（包含一切因果关系）。俱有因士用果和相应因士用果，是与空间并立的因果关系。如因果同时互相为因互相为果的因，即叫作俱有因，其得到的果即叫作士用果；士用果就是由人（士夫）的动作（作用）而成的结果。这若就心法来说，即叫作相应因士用果。同类因等流果和遍行因等流果是时间的因果关系。如果它的因果相似同类时，因即叫作同类因，果即叫作等流果；这是由时间上说明一切法的变迁的。遍行因是指十一种遍行的烦恼诱导而引起的后烦恼，所以它的结果叫作等流果。异熟因、异熟果是对我人的善、恶而说的；异熟就是因果的性质互相不同的意思，因为善、恶的业因所引起的果报，却是非善非恶的无记果故。离系果就是指择灭的无漏果。

世间论：世间是由种种因果关系结合而成的，所以它有时间的限制和无常的法则；这有“有情世间”和“器世间”两种区别。器世间是指有情居住的世界——依报（环境）。这有欲界、色界、无色界三种。有情世间就是俗称的正报，有地狱、饿鬼、傍生、人间、天上等五类。根据本宗的说明，每一有情都有生有、本有、死有、中有之四期，其轮回情形，即是所谓的十二缘起。其关系如下：

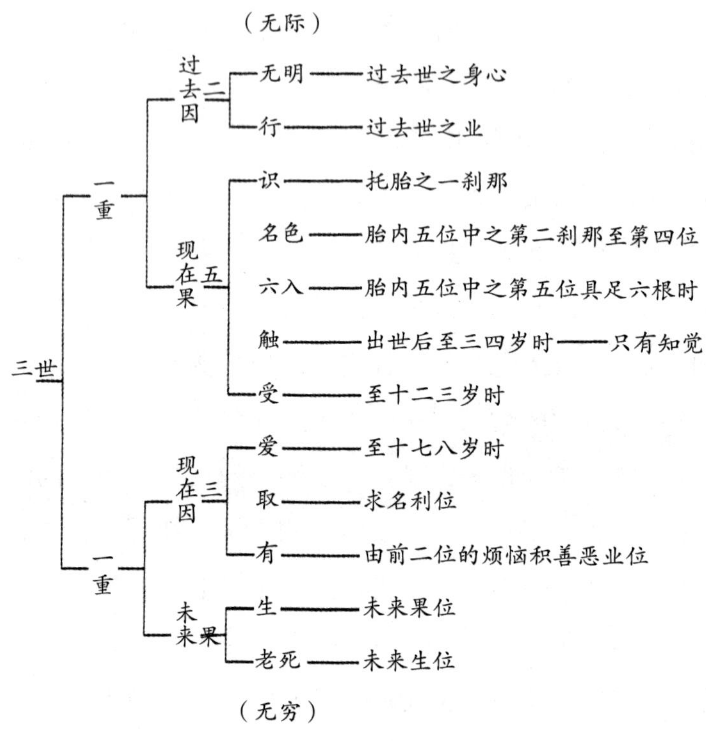

关于有情轮回的主因“本论”说，是身、口、意三业（业感缘起论）。意业一名思业，身、口二业一名思已业；又身、口二业各有表业、无表业两种分别故，总共有五种不同的业。

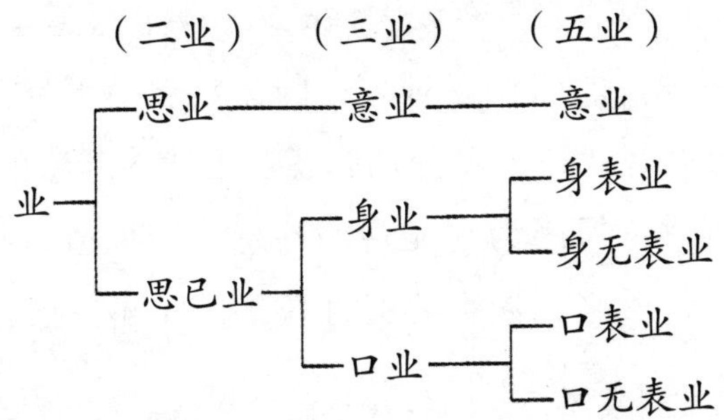

表业就是表现于外表的动作，无表业即是将来的行为——防恶作善的力量。表业又有善、恶、无记的三种性别，就中无记业不生无表业，故无表业只有善、恶二业。但无表业有律仪无表、不律仪无表和处中无表三种分别，律仪无表就是指别解脱律仪（具足戒）、静虑律仪（定共戒）和无漏律仪（道共戒）三种。不律仪无表就是反律仪的恶无表——内在力量。处中无表就是与律仪、不律仪没有关系的善恶无表。

烦恼就是使“业”招致苦果的主因，也叫作“随眠”。烦恼是由扰乱身心而得名的，而随眠是由愚暗不觉而得名。其主恶中心就是无明和渴爱——惑。

又烦恼有根本烦恼和枝末烦恼两种区别。根本烦恼是贪、嗔、痴、慢、疑、恶见等六种；就中以恶见另再分为身见、边见、邪见、见取见、戒禁取见等五种。枝末烦恼共有十九种。如烦恼迷于境界而起欲心的，即叫作迷事惑；因为它具有先天性故，一名俱生惑。如果是迷于四谛理，即叫作迷理惑；因为它被后天性的邪恶、邪教诱导而起故，一名分别起惑。虽然迷理惑的性，较强于迷事惑，但因为它能观四谛理，于见道时顿断故，叫作见惑；反之，迷事惑的性较钝故（不易顿断），必须渐次修行，因此叫作修惑。

以四谛理为对象而起的见惑，若配于三界时即有八十八使。这是因为根本烦恼（十种），均系见惑的缘故。其关系如下：

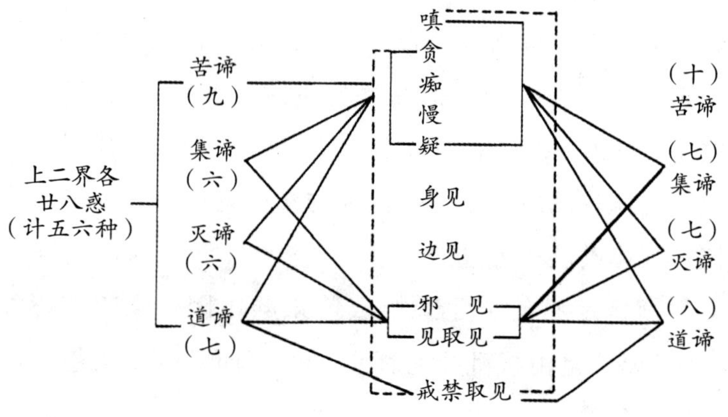

修惑就是指根本烦恼中之贪、嗔、痴、慢等四种。这在欲界中四种具有，但在色界、无色界，只有贪、痴、慢等三种。又三界九地各有强弱的不同故，复有九九八十一品的分别。贪、痴、慢三种是九地的共有故，共有八十一品；但嗔于欲界只有九种。所谓的百八烦恼，就是把这些见惑八十八种和修惑十种，以十缠加算得来的。

这些烦恼的分析并非本论的目的，这不过是一种修道的参考而已，所以主要在其舍离。这是应该明白的。

修证论：我们果要根除烦恼趋入悟界，那么，就不得不依赖“智”因“定”缘了。本论的《贤圣品第六》、《智品第七》和《定品第八》，就是说明这些道理的。

因“智”含有决断的意思，所以得“智”的方法分为“见”和“忍”二种。见就是推求——推动力，忍是认可——预决力；这都属于慧心所的作用。智可以分为生得慧——依世间一般学术所得到的智慧（有人解释为与生俱来的前生修慧），闻慧——闻法所得到的智慧，思慧——思维道理所得到的智慧，修慧——修定所得到的智慧等四种，就中尤以后三者为依佛教而得到的智慧；但这四种智慧均为有漏智。无漏智只有法智和类智二种。法智是对观法（真理）而言，而是一种观四谛，断除三十二种见惑的智慧。类智是类似法智的智慧，是一种观四谛，断除五十六种见惑的智慧。四谛的观法大约如下：

（1）在苦谛下，观非常、苦、空、非我；

（2）在集谛下，观因、集、生、缘；

（3）在灭谛下，观灭、净、妙、离；

（4）在道谛下，观道、如、行、出。

上述的四种四谛观，俗称四谛十六行相。然而，无漏智是由定所得的，所以叫作三摩地（三昧 Samādhi）。定的分类虽然很多，但可大别于“生得定”和“修得定”二种。生得定就是与生俱来的定，这是生于色界和无色界的有情所能得到的定；修得定就是生于欲界的人所能得到的定。又这二种定各有四禅、四无色等八种不同的分别。这若配置于初禅和二禅之间，多加上中间定，其关系则如下表：

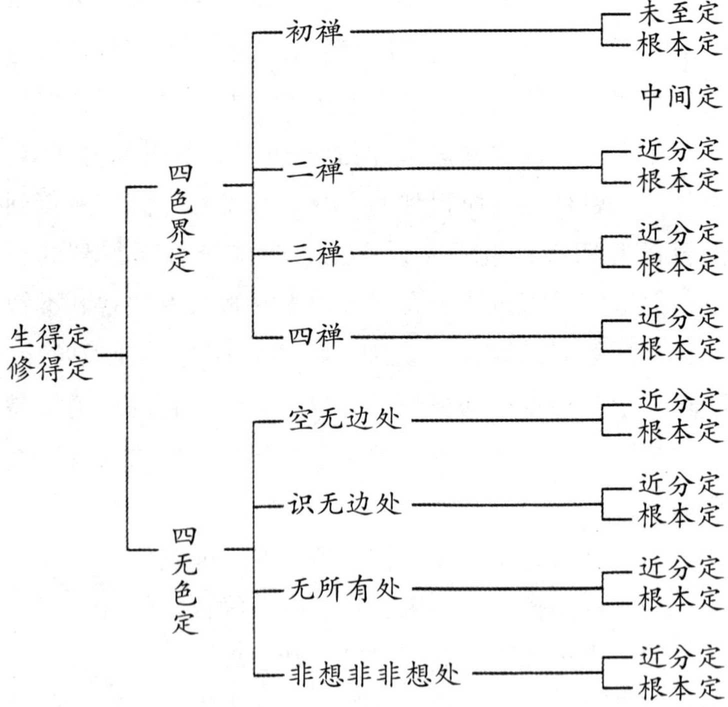

智和定的证果过程就是所谓的贤圣位。贤圣位在“本论”里虽然分有声闻、独觉、菩萨等三乘，但其修道法却以声闻乘为中心。即：欲进贤圣位的行者，首先必有三种清净身心的准备——三净因，然后进而修五停心——不净观、慈悲观、缘起观、界差别观、数息观。这当然可以依各人的性格差异而有所取舍——重点的不同，但一般都以最初的不净观和最后的数息观为中心。修五停心观之后，应该修“别相念住”和“总相念住”。别相念住就是各别地修行四念住的意思；这是以身、受、心、法的顺序，渐次观其不净、苦、无常、无我而欲脱离四颠倒的观法。总相念住就是总观四法的意思。集上述的五停心、别相念住、总相念住而称三贤（位）。

续四念住之后，即为暖、顶、忍、世第一法等的四善根位。上述的三贤和四善根位合起来称为七方便位；意思是说，这七种是至圣者位的方便。经过七方便位之后，即趋入见道。见道就是以无漏智见到四圣谛的意思。所以进入预流的圣者，才能称见道。见道又有“向”和“果”的区别。例如：在预流向、预流果间，行者必观欲界、色界和无色界等的四谛。这时他在苦谛下，必以苦法智忍、苦法智、苦类智忍、苦类智的顺序渐进修行（于集、灭、道谛仍然）；所以总共有十六种。可是这十六种的每一种修行，都必有用一心作观的刹那故，共需十六刹那。这十六刹那中，至第十五刹那，为预流向的见道，第十六刹那即为预流果，而属于修道。

修道就是断三界八十一品之修惑位，是指预流果以上至阿罗汉向的。就是说：从“预流果”渐断欲界之修惑，经“一来向”断至第六品进入“一来果”，然后经“不还向”根除欲界之修惑达到“不还果”（不还果依利根、钝根有七种分别）。自此再次第根除色界及无色界的修惑——“阿罗汉向”，达到“阿罗汉果”。“阿罗汉向”的最后无间道，一名金刚喻定。因阿罗汉已根除一切烦恼，无所可学故，一名无学。对此，见、修二道叫作有学，这三者俗称三道。今为参考列贤圣位表如下：

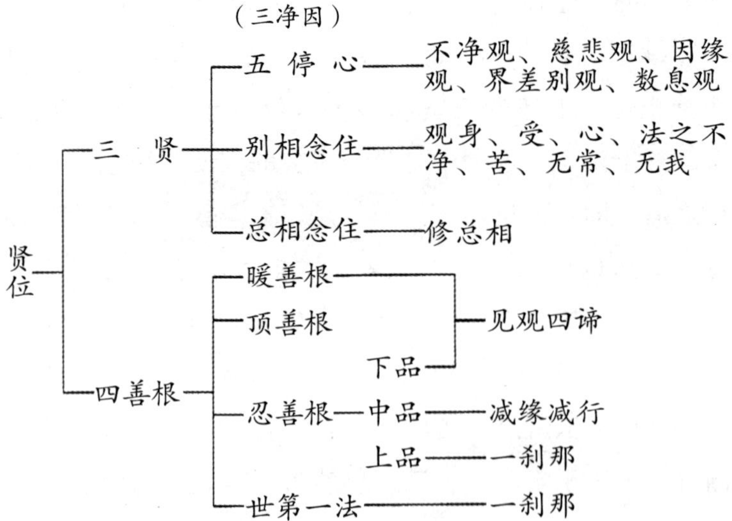

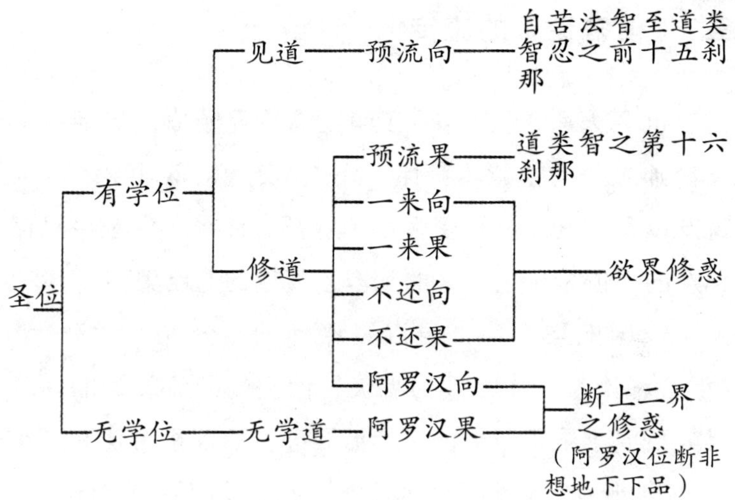

在“声闻”之外，另有“独觉”和“菩萨”。“独觉”是指观十二因缘颖悟的圣者，另名“缘觉”（音译辟支佛）。这是指释尊成道后，未进入传道生活的一段时期。“菩萨”，则是指自初转法轮至过着传道生涯的一段时期，故与大乘佛教所说的菩萨道显然不同。

菩萨在第一段——三阿僧祇劫间，必须修六度万行；在第二段——百劫间，必须培植“相好”业；在第三段降生王宫，出家学道；在第四段，于菩提树下证成佛果。因此佛在三千大千世界中，不许有二佛的出世，这是小乘不同于大乘的特点。

三、《俱舍论》的流传

世亲灭后，《俱舍》在印度的研究颇盛，如唯识十大论师之一的德慧（瞿那末底）、安慧（悉耻罗末底）、世友以及称友（耶输密多罗）等都有注释。但至今只存称友的《俱舍论精义》的梵本，其他的通已失传。

我国的俱舍宗，虽以真谛译的（公元五六三年）《俱舍释论》二十二卷为嚆矢，但它的源流却是旧译时代，研究小乘阿毗昙的一学派。即：后汉桓帝建和二年（一四八年），安世高来朝时传译了毗昙和禅数之学，当时因安世高精于毗昙，所以跟他学习的人颇多。如竺法深的弟子法友、竺僧度等，均是研究毗昙的学者；竺僧度并有《毗昙旨归》的著作。

在前秦苻坚王末年纪（三八三年）因大乘经未广传，而禅数之学极盛。当时由这些学者译出了很多阿毗昙；如僧伽跋澄就是其中最得力的一人。他是罽宾人（当时是指犍陀罗），于建元十九年（三八三年）与道安等共译《尊鞞婆沙论》十四卷，翌年又与昙摩难提、僧伽提婆共译《婆须蜜菩萨所集论》和《僧伽罗刹所集经》。

昙摩难提是兜勒人，于三八四年至三八五年纪译出《增一阿含》，三八四年译出《中阿含》。僧伽提婆是罽宾——犍陀罗人，于三八三年译出《阿毗昙八犍度论》，于三九一年译出《阿毗昙心论》《三法度论》（除最后二论，其余的均为道安与法和的校对修饰。《八犍度论》之《因缘品》于三九〇年始由昙摩卑补订）。僧伽提婆虽于三九七年与罽宾的僧伽罗叉又共译《中阿含》，可惜已失传。《三法度论》与《四阿含暮抄解》同本，后者为东晋孝武帝时鸠摩罗佛提所译；他曾一度从译《阿毗昙心论》，但未完成。在这些译场中对于笔受、宣译工作较尽力的，可推竺佛念和慧嵩二人。竺佛念是次于安世高、支谦的出色人物，他独自译出了《菩萨璎珞本业经》和《十住断结经》；慧嵩是当时的学者。当时罽宾的昙摩耶舍又来广州诵《大毗婆沙》，之后又与昙摩崛多共译《舍利弗阿毗昙论》。

法显自中天竺得《杂阿毗昙心论》六千偈，并与佛陀跋陀罗在道场寺译为十三卷。刘宋元嘉三年，西域的沙门伊叶波罗译出《杂阿毗昙心论》，但未完成。同十一年僧伽跋摩与法云共释《杂阿毗昙心论》十四卷（此论只存十一卷，其余的均已失佚）。元嘉十六年，又有《阿毗昙婆沙论》（旧“婆沙”）一百卷的出现，但现仅存六十卷。总之，毗昙学经好几次变迁，一直至智恺、道岳时始成为俱舍宗。

当真谛著了《俱舍论疏》六十卷之后，智恺曾应僧宗之请，在智慧寺讲《俱舍》，而成为我国讲《俱舍论》的第一人。但很不幸，讲至疏的第九卷《业品》，即告疾卒。之后，真谛续讲，但至《惑品》也因疾病辍讲，复于次年圆寂。相传智恺殁时，真谛悲伤非常，曾集合众弟子十余人，共传香火，令其弘化“摄”“舍”二论，不能断绝。故凡欲嗣真谛法者，必宗《俱舍》。此中最为著名的，即是道岳。相传道岳在玄奘往西天竺之前，曾授《俱舍》，著《俱舍论疏》二十二卷。对真谛译出的《俱舍论》（俗称旧译），智恺著有《俱舍论疏》八十三卷。

及至唐代时（公元六五一年），玄奘译出《俱舍论》三十卷后，研究斯论者更盛。如法宝、神泰，各著有《俱舍论疏》三十卷，和普光一起被誉为《俱舍论》的三大家。此外窥基著有《俱舍论疏》四卷，怀素律师著有《俱舍论疏》十五卷，可惜失传。之后研究《俱舍》的学者中，对文理最有发挥的，可推圆晖。他著有《俱舍论颂疏》三十卷，此中十九卷，为学者必读的宝典。这部宝典，经遁麟加以演义后，著《俱舍论颂疏记》三十九卷；慧晖著了《俱舍论颂疏义钞》六卷，被誉为颂疏的两大释家。除上述之外，尚有崇廙的《金华抄》十卷；梓州慧义寺神清的《俱舍论实义疏》；绛州龙兴寺玄约的《俱舍论金华抄》三十卷；会稽大善寺虚受的

《俱舍论疏》；憬兴的《俱舍论疏》三卷；法清的《俱舍要疏》三卷；本立的《俱舍论钞》三卷；令印的《钞》三卷等。可惜好景不长，本宗自唐朝以后，可以说就没有人研究了。在一九二〇、一九二一年间，有一位希声居士，开始研究《阿毗达磨俱舍论光记》，作《观〈俱舍论〉记》，刊在《海潮音》月刊，此后《海潮音》常载张化声居士等研究《俱舍论》的文章，一九二二年武昌佛学院的学科中订有《俱舍》一科，并由史一如教授翻译日人所著之《俱舍论颂释》作为讲义，学者颇感兴趣。后来，继史一如教授讲《俱舍》的张化声居士，对研究生，尝提《俱舍》中的要义做学术演讲，千年绝学，自此走上复兴之路。当时佛学院的学僧，皆喜欢《成唯识论》等科，研究《俱舍》者少。专心治此学者，只有法舫法师等三人，舫师力攻光记，兼读宝疏，颇有心得。此时南京内学院校刊光记，欧阳渐作序，大有功于治斯学者。法师又于一九二九年在武昌讲《俱舍颂》一遍；一九三〇、一九三一年间在北平世界佛学苑教理院（柏林寺）与女子佛学院讲一遍，且有《颂释》之编辑。可惜其稿失于抗战，一九三八年在重庆汉藏教理院，以两年的时间讲《俱舍论》，颇有发挥，编有《俱舍颂科判》四卷。此后各地佛学院渐有讲《俱舍颂》者，并有作论之者，如台湾佛教讲习班演培法师讲《俱舍颂》并著有《讲记》。近代研究这一家的人虽渐渐地多起来，但较之他宗，那实在少得可怜，甚觉可惜！

（二）成实宗

一、序言

《成实论》目前只有罗什三藏的译本，其原典早已失传。这是自姚秦弘始十三年辛亥（四一一年）九月八日至十四年九月十四日，由罗什三藏（晚年最后的译品）译出的。据《成实玄记》和《略成实论》的记载，罗什翻译本论的因由是受到姚显的礼请，经罗什口译，由昙晷“笔受”及昙影“正写”的。此论译出后，罗什的弟子僧睿即受命讲解，故我国的《成实论》以僧睿为最初的讲解者。当时任“正写”的昙影因鉴及本论的内容非常复杂，在罗什的赞许下特把它分为发聚、苦谛聚、集谛聚、灭谛聚、道谛聚等五聚。这一直至今研究此论的学者，仍依这种分类法来研究。当时的译品虽然只有十六卷二百零二品，但后来经学者赋予种种的分卷后，便成为二十卷了。如现存的宋、元、明订本三种，均为二十卷本。另外有丽本，因这只有十六卷故，也许是最原始的译品！

《成实论》的著者是佛灭后九百年纪的小乘有部学者，鸠摩罗陀的弟子诃梨跋摩。他从鸠摩罗陀学迦旃延的《阿毗达磨发智论》时，甚感失望，于是研心方等锐意九部，驳斥迦旃延的偏论，网罗三藏中的实义，著成本论，以显示我、法二空的真谛。

关于诃梨跋摩的详细传记，我们可由玄畅的《诃梨跋摩传》得一概略的认识。即：他的出身是中天竺的婆罗门族子，初学世典以及韦陀等经典，然后转入佛教，跟萨婆多部达摩沙门鸠摩罗陀精研“大阿毗昙”数千偈。后嫌“大阿毗昙”的名相滞浮繁情，转学方等，并采搜微言幽旨，反驳迦旃延的偏谬。他又于巴连弗王廷屈服胜论学者，被尊为国师。可见他是一位通于佛学、世学、一般哲学，尤其是精于胜论的一代高僧。

本论的组织，共分为五聚二百零二品。最初的发聚中之初十二品是解释三宝精义的；其次叙作论大意的二十三品中，在初品叙说了作论的因由，和论门的种类以及胜劣、利益等；在次二品举述四谛的大要以及法的种类；从第十九品至第三十五品则为教内的重要异说，以及争论等十种得失，这是论主表明态度的一段。在第一的过未有无论，论主以大众部和经部的学说，反对上座有部，主张无论；第二的一切“有”“无”段，以十二处的“有”说，和离有、无二边的“圣中道”说，主张“空无”；第三的中阴有无论，取“无”论（与大众部、化地部同），反对上座有部；第四的四谛渐现观、顿现观，即左袒大众部、化地部，取“顿现观”反对上座有部；第五的阿罗汉退不退论，大约与大众部、化地部、经部同样，以“不退”为真阿罗汉；第六的心性是否本净的问题，取“本净说”；第七的种子论，承认种子的随眠，主张“非心相应说”；第八驳斥迦叶遗部的业果未熟者“过去有体说”，而彻底于“过去无体说”；第九，不赞成化地部之僧中有佛说；第十，不取犊子部之“非即非离蕴我”的有我说。如此，本论在十论中对于种种的异说加以取舍归纳，可说其用意是极周到的。现将四谛聚的内容介绍如下：

本论于苦谛聚虽然也以五阴为苦，但它却与通常的顺序不同，以色、识、想、受、行为顺序，把想、受、行，认为是色和识之间所起的结果，所以色、识在受、想、行的前面。

色阴的色就是指四大种和四大种所造的色。四大就是所谓的地、水、火、风，这本论认为是由色、香、味、触而来的。这四大构成了眼等五根之后，复由彼此间的相触而发生声音等五境。“本论”唯一的特色就是以四大为假，以色、香、味、触为实的理论，因此它常与有部胜论派发生争论。此中尤以地为色等的集合，极力主张坚相的实有，而反对有部说（对水、火、风的看法仍然）。本论对“根”的看法更不同凡响，认为根的差别是由业所起，所以主张根自身的假、无知，非五性、一性所成的“不定”说。至于根尘合离的看法，则认为眼、鼻、舌、身四种是合中知；而耳是合中知、离中知均有；意即不属于两者。本论对于十二入中之色、香、味、触等五相论述特详，在字里行间充分发扬著者的优越感。对于识论，著者取经部义，否定心所有法的独立性，因此，较有排斥一心，主张多心之嫌。又本论驳斥识的暂住说，以“无住”说明“念生生灭”，而不取俱生的并起，主张次第地生起说。本论对受的看法可说是一种彻底于苦的厌世观，因为不但把乐受以为是苦，即连无漏的诸受也都以为是苦。在行阴中虽也说及思、触、念、欲、喜、信、勤、忆、觉、观、不放逸、不贪、不恚、不痴、无记根、猗、舍等，但把它们认为：非相应法，而是次第起的法。其中以触为假，不承认是“别心数法”。在心不相应行，虽也说到得、不得、无想定、灭尽定、无想果、命根、生、住、异、灭、老、死、名众、句众、字众、凡夫法等，但这些并非别法的存在（心不相应法），不过是一种色心分位上的假立而已。

本论于集谛聚，以集为业和烦恼（惑业）的结合，故苦谛的苦是惑、业、苦的三道流转。造业的根本是身、口、意三种，这和无表（不作）同样都属心不相应法；这种说法显然与有部不同了。本论也有谈及“故不故业”“轻重罪业”“大小利业”“善、恶、无记”三业、邪行、正行、界系业、现生后三报业、苦乐舍三受业、业烦恼报三障、“黑黑报、白白报、黑白黑白报、不黑不白无报”四业、五无间业、五戒业、“地狱、畜生、饿鬼、人、天、不定”六报业、七不善律仪、八斋戒、八种悟、“欲界、色界各作无作非作、非无作，无色界作无作无漏”九种系业、十不善业道、十善业道等，但都以意业为重，将一切的罪福归于一心的所生。可见本论不但有业感缘起论，更含有唯心论说。

本论续业论之后，述及烦恼论。所谓的烦恼就是垢心行，这是因为心为相续生死的主体的缘故。垢心的差别就是贪、恚、痴。此中贪、恚、痴、疑、骄、慢及五见为根本烦恼，并以九十八使说明。贪又有贪相、贪因、贪过和断贪之分。断贪的唯一方法，就是不净观；断嗔恚的方法，就是四无量心与忍；而断无明的方法，即是修真智。

本论于灭谛聚，有独特的假名心、法心、空心的三论说。假名心就是诸阴所有的分别，例如由五阴有“我”，因五尘有“瓶”等。但这是世俗谛，并非真谛。

本论以世俗谛和第一义谛，说明一切万有。因此论中有析空观，有体空观。

法心就是由假法假名的五阴心。本论所谓的灭“名心”，就是指达到“人无我”；灭“法心”就是指达到“法无我”的意思。这在本论叫作空观、无我观，并援引《法印经》的“见色等无常败坏虚诳厌离相名空，但非清净，见五阴灭，是观清净”，以说明无我即无性的道理。

空心不像假名心、法心那么简单，必须入“灭尽定”和“无余涅槃”才能得到。据《灭尽定品第一七一》的说明，灭尽定有“烦恼断尽”和“烦恼未尽”两种差别；前者是属于阿罗汉果，后者是指心心数法之灭。所谓的灭空心就是指前者而言。烦恼断尽的“灭尽定”就是指八解脱中之第八解脱而言，也就是指根除了色、心等有为法的阿罗汉果。阿罗汉果有“有余涅槃”和“无余涅槃”二种区别。按照一般的解释，前者是属有余涅槃，但本论对这二种涅槃，都未有详细的说明。

道谛聚以八正道、三十七道品为主，分为“说定”“定具”“说智”等三种。对定的说明本论详列一分修、共分修、圣正三三昧、空无相三三昧……之后，特强调止观的重要性，并以“修习”“重习”为最后的结论。在第二部的智论中所谓的智是指真慧，因真是“空无我”的意思故，与假名中所谓的慧想不同。空无我的真智可缘第一义，断绝烦恼故，另名无漏心或出世间心。反之，缘假名的即为世间心。本论对圣行的“定行”和“无种行”，主张“正见”和“正智”的一体差别说，并说明了“忍”即“智”的意义，以及智的性质，闻、思、修三慧，法住、泥洹、无争、愿、边际等五智，神足通、天眼、天耳、他心、宿命、漏尽等六智通，自五停心至世第一法的七方便，有为法的无常、苦、无我等三观，苦法智，苦法忍，世间九智与阿罗汉等的关系等，列举了很多的法数，但这不过是一种释义罢了，并没有其他重要的作用。

二、《成实论》的大纲

《成实论》如上所述，是诃梨跋摩的著作，是一部以四圣谛的组织来解释一切佛教的论书。成实就是释“成”如来所说之三藏中的“实义”的意思。所谓实义，即是指四圣谛。其组织如下：

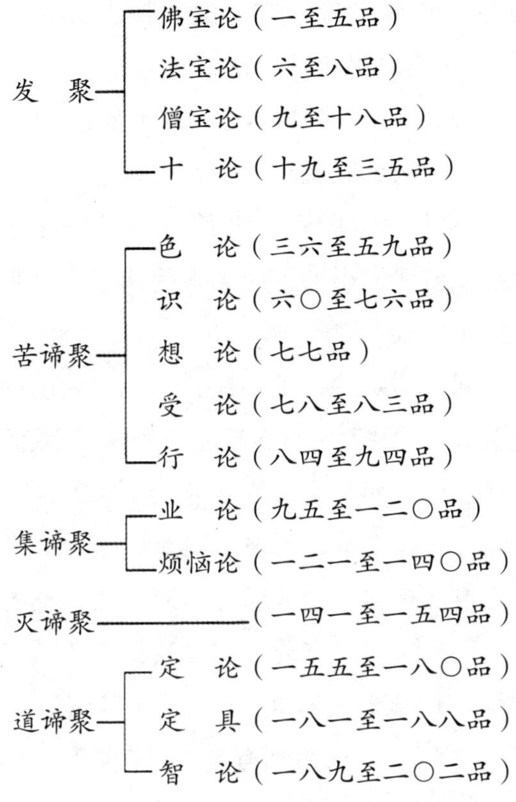

如上表《成实》一论的组织，分为五聚二百零二品。发聚是解释三宝，而其次的十论是说明作论的目的。本论对于苦谛聚即以五阴来说明，集谛聚是详述业和烦恼的部分；由此可知道苦、集二谛聚不外是阐明迷界的现实和原因的了。灭谛聚是涅槃的说明，其中所立之“假名心”“法心”“空心”为成实论特殊的教说。

最后的道谛聚和灭谛聚同样，由大体上分为“智”和“定”二种，这是说明证果的原因的部分。

关于本论隶属的部派问题，古来异说纷纷很难决定。最初梁代的法云、智藏二师，都认为本论是大乘；但隋代时，因天台、嘉祥二大师反对——贬称为小乘后，一直至今被视为小乘，而无人问津了。可是南山律师即说是分通大、小的论典。

观这些问题的发生，主要在：（1）本论的内容，网罗了各种教说毫无统一；（2）古来对佛典怀有一种非判定大（乘）小（乘）不可的观念。不管如何，若就本论成立的历史加以推察，可说本论是属于经部系的小乘论典。但此中含有的大众部思想，即人法二空的大乘教理，是值得我人深加研究的。所以我认为《成实》的大小隶属问题，应该打一个问号，还有研究的余地。如《灭法心品》（第一五三品）有：“又二种观，空观、无我观。空观者不见假名众生，如人见瓶以无水故空。如是见五阴中无人故空，若不见法是名无我。又经中说‘得无我智，则正解脱，故知色性灭，受、想、行、识性灭，是名无我。’无我即是无性”等的空观思想，这诚为小乘佛教的典型。但本论所说的二空，不同大乘的断道，无须断绝烦恼障和所知障，以做化他的大行。

本论对于宇宙一切万有——诸法的分类，即以五位

八十四法来说明——“现在实有，过未无体”。今列表如下：（请参照《俱舍论》篇）

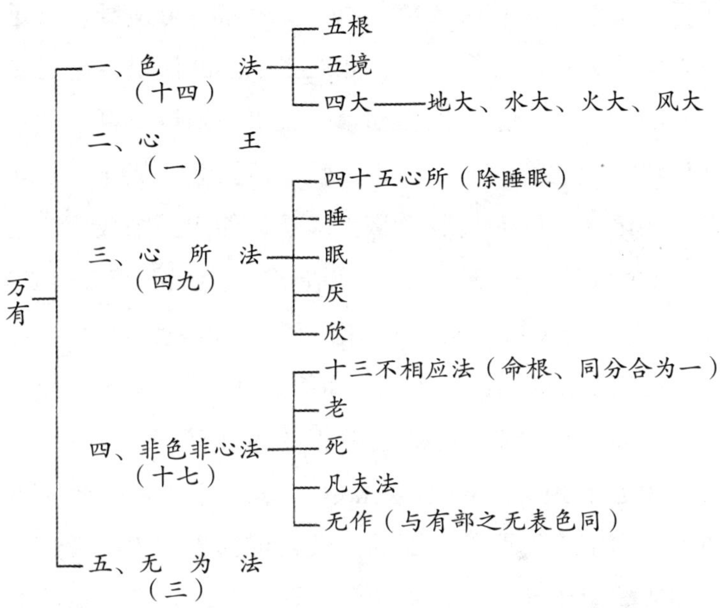

盖这些八十四法是由俗谛而言，在真谛时即必须根除析空观——假名心、法心、空心。假名心就是执我法之心；法心就是执法我之心，而空心即是执有人法可空之心。

修道的阶位，在《分别贤圣品第十》中，说有二十七贤圣。这与有部比较，当然稍有不统一之嫌。总之，《成实》一论的归趋，在于空寂的灭谛上，以灰身灭智，趋求无余涅槃。

本论的佛陀观可约为：（1）佛陀是自然人，而以一切种智知悉一切法的自相差别；（2）离一切不善，集一切善，常求一切众生的利益；（3）完备五分法身，具足十力、四无畏、三念住、大悲之十八不共法。本论对于一切的说明，都据于世谛和第一义谛而加以解释。即：佛是随俗行化故，他的语言当然有所限制，似非一切智人——化身；但因其所说毫无虚伪，如实而来故——真身。对于真身——理佛的说明在《二世无品第二十二》说："佛是寂灭相，虽有现在，可是不摄有无。"

化身的说明在《故不故品第九十七》里有详细的说明。即：对佛受谤等不善业报的问难有"佛为一切智人，无恶业报，以断不善法根本故，但以无量神通方便，现佛事，不可思议"的记载；可见成实的化身是一种神通的变化身。但在本论中所谓的菩萨是指成道前的佛陀而言，是故把菩萨视为前生修集善业的业报身，因此菩萨是一种断惑，并非修惑。本论在这方面说明所持的理由是：若以常求众生益，神通方便做佛事来解释者，即为随意愿生说，不为业报身了。可见"本论"的佛陀观，大约与《异部宗轮论》的大众部一样了。

三、《成实论》的流传

罗什的译本共花了一年的工夫，由昙暑、昙影辅助而完成。我们由其文辞之流畅以及分类的确当，除应将此功此德归于上述的三人外，还有僧睿的努力也是不可磨灭的。僧睿之弟子僧导，曾师事僧睿多年，不但精于三论，自听《成实论》后，曾著有《成实论义疏》。又其弟子僧威、僧音亦都精于《成实论》。

据《高僧传》的记载，宋代时道亮著有《成实义疏》八卷；《七宗论》的著者昙济亦精于《成实》；梵敏讲《法华》《成实》著有《成实要义》（？）一卷；尤其是道猛对《成实》的研究颇有成就，他曾于太宗临幸时在兴皇寺为太宗讲解《成实论》。

齐代时伪魏的僧渊，自僧嵩授《成实》《毗昙》后，再转授弟子昙度、慧记、道登等。尤以昙度精于《涅槃》、《法华》、《维摩》、《大品》和《成实》，且著有《成实论大义疏》八卷；另道猛的弟子道慧，他跟道猛学习《成实论》，曾于张融对道猛问难时，代道猛通释《成实要义》。僧导的弟子僧钟亦精于《成实》《三论》《涅槃》《十地》等经论，殊对《百论》尤多发挥。如《诃梨跋摩传》的著者玄畅，以及僧柔、慧次亦都是精于《成实》的学者。僧柔是弘称的弟子，而慧次是志钦的弟子，他们曾就学于法迁，并受文宣王的敕令，在普弘寺共讲《成实论》。以上为当时讲《成实》的大家；此外慧隆、智诞、法度也均是当时著名的《成实》大家。

梁代时道馨的弟子慧球，自从彭城之道渊授《成实论》后，于荆土屡讲《成实》；智度的弟子智顺被誉为《涅槃》《成实》的大家，常拥有数百听众；又道明的弟子宝亮，曾在齐之国都讲《大涅槃》八十四遍、《成实论》十四遍、《胜鬘》四十二遍、《维摩》二十遍、大小品十遍等。

此外，据《续高僧传》的记载，当代研究《成实》之风特盛，名家辈出。兹述如下：例如当时的法申精于《成实》；僧审的弟子智欣，从道猛听得《成实要义》后，再行讲授，拥有常听众八百余人。法宠自道猛、昙济授《成实》后更深加研究，甚得张融的赏识。被誉为梁代三大师之一的僧旻（僧回的弟子）于庄严寺跟学于昙景后，又与法云、禅岗、法开共学于僧柔、慧次、僧达、宝亮等。他又从僧宗听《涅槃》，从僧柔、慧次学《成实》，学成后亦于兴福寺讲《成实》，受到许多弟子的皈依。法云则于庄严寺跟僧成、玄趣、宝亮就学，曾奉敕与诸大德共著《成实义疏》，或合选经论四十科四十二卷等。察智藏与僧旻、法云同门，曾于定林寺师事僧远、僧佑；于天安寺师事弘宗等，亦曾在彭城寺讲《成实论》，拥有听众千余人。他著作有《成实私记》(？)；又讲大小品涅槃、《般若》《法华》《十地》《金光明》《成实》《百论》《阿毗昙心论》，著《义疏》等，为一代的风云人物。就中弟子道绰（龙光寺）尤精《成实》，把嘉祥大师叫作龙光，屡于著书中引用有关的学说。僧旻的弟子有慧朗、慧略、法生、慧武等，亦都是精于《成实》以及诸部的名匠。僧旻的弟子慧韶，听《成实》后著《注》，辩灭谛为本有，以粗细为折心等，对《成实》颇有发挥。道明的弟子僧密，没有不说的经典，但对《成实》却缮奇、负气，赞其未曾有。道登虽为研究《涅槃》《法华》《胜鬘》的学者，但也从僧渊学习《成实》；道超亦从僧旻听《成实要义》，曾于法珍讲《成实》的道场中，指摘他把灭谛三心之灭视为没有先后次序的错谬。法宠的弟子慧开亦学《阿毗昙》《成实》。法真是道记的弟子，善诵《法华》，精于《成实》；宝渊亦由僧旻授《成实》。又据《历代三宝纪》的记载：梁天监中有优婆塞袁昙允，撰《成实论类抄》二十卷，相传与“文宣王抄”极相似。昙允是与宝唱、法云一同参加僧伽婆罗的译场，而担任笔写的人。成实宗的研究可说到僧旻时达到了最高潮。

陈代时的洪偃在龙光寺遇僧绰，阐扬《成实》的人，他著有《成实论疏》数十卷。三论宗的法朗亦从南涧寺仙师受《成实论》；慧勇也从僧绰、法宠学《成实》；又参加真谛三藏十七地翻译的宝琼，也就学于南涧寺的仙师，很精于《成实》，曾讲《成实》九十一遍，造《玄义》二十卷后，复讲二十遍，著《文疏》十六卷；就学于真谛三藏的警韶，曾于龙光寺为天台大师讲《成实》，一生讲《成实》达五十余遍，《涅槃》《大品》《金光明》数十遍；三论宗的慧布亦从宝琼学《成实》；慧嵩从智游受《毗昙》《成实》等，均为一代的硕学。光统律师的系统，精于《成实》的，有道凭、灵询（著有《成实论纲要》两卷）、宝象、宝海、道记等。

隋代时的法安、真观在未入三论宗之前，亦曾研究《成实》。慧恒从道绰学《成实》后，再跟龙光学士大僧都舒法师精研《成实》，讲《成实玄义》达六十三遍之多。慧弼从惠殿寺领法师听受《成实》。道凭的弟子灵裕曾从嵩、林二师学习《成实》，著《成实论抄》五卷。智脱对《成实》的造诣尤深，受到庄严寺智嚼法师的器重，著有《疏》四十卷，之后又修治梁代琰法师之《成实论玄义》十七卷，一生讲《大品》《涅槃》《净名》《思益》各三十余遍，《成实》五十遍。慧乘和其叔公智强，也都是《成实》的达人；尤其是慧乘立佛果二谛的外义。此外如道庄、法论、靖嵩、智琳，也都精于《成实》。当时次《摄大乘论》之后，《俱舍论》的研究渐兴，因此《成实论》的研究以及讲演较有下坡之势。精于《摄论》的道奘之弟子道宗，学《智论》《十地》《地时》《成实》《毗昙》后，住于慧日禅寺常讲《成实》。保恭是三论宗人，是慧布的弟子，他曾从开善彻法师听《成实》，并抄《义疏》，复就惠晓禅师学习《成实》。此外研究《成实》的，尚有慧隆、道杰、神素、玄续等。

如上所述我国对《成实》的研究，唐代较盛，并大部分流传于江南一带。梁武帝时的研究可以说是《大品》《成实》并重，而陈武帝时即较重《大品》《三论》了。

观我国对《成实》的研究，大多与《三论》《十地》《大品》《法华》《涅槃》《胜鬘》《维摩》等之研究并行，故一时奉为大乘经典，但至嘉祥大师时，因他极力反对，贬称为小乘故，尔来研究的人也就绝迹了。但这并非千真万确的，仍有研究的余地，愿我们努力多多发掘！

（三）结论

综上所述，《婆沙论》和《成实论》的对立，可比拟如《俱舍论》与《顺正理论》，或《唯识》与《三论》等的对立，而在教义研究上，可相辅为用。

现存的《阿含经》，当然不能说完全保持着结集时的原型，但至少其教义都有一连贯的作风，无外是以四谛、八圣道、十二因缘等为中心的因缘与譬喻。尤其是其内在的大乘思想，我认为是教派分裂的主因。例如：《杂阿含经》十有“观色如聚沫，受如水上泡，想如春时焰，诸行如芭蕉，诸色法如幻”的名文。《别译杂阿含经》第一有“若识明色本空无性，是名尊敬佛，永离诸趣”；第八中有“皆悉虚伪无有实法，但以假号因缘和合，有种种名”等宏文。可见《阿含经》不但含有普通小乘的析空思想，也有许多崇高的（大乘的）体空思想。

又在《增一阿含经》中，更含有与一般小乘教不同凡响的思想，即：如在《序品》中的“如来法身不败坏，永存于世不断绝”，及在第二十九中的“我等世界在今东方，佛名奇光如来”等文，实与大乘佛教所立的他方净土思想无异了。这种内在的大乘思想，在佛弟子的著书中，更发挥无遗。例如现在的汉藏中有：

一、《法蕴足论》	十二卷	大目犍连造	玄奘译
二、《集异门足论》	二十卷	舍利弗造	玄奘译
三、《舍利弗阿毗昙论》	三十卷	舍利弗造	昙摩耶舍等译
四、《施设论》	七　卷	著者不详	法护等译

等四论；中以《法蕴足论》和《集异门足论》，为有部《六足论》中之一的论书。《施设论》传说为迦旃延那所著《施设足论》的抄译。《集异门足论》和《施设论》的内容，虽然没有特别值得提起的思想，可是《法蕴足论》和《阿毗昙论》，却含有很多超有部的教义。例如《法蕴足论》六里，记载法的“过未无体”为：“五取蕴无常转动，劳倦羸笃，是失坏法。迅速不停，衰朽非恒，不可保信，是变坏法。有增有减，暂住速灭，本无而有，有已还无。”又在十一里更说明缘起的无为为：“佛所说生缘老死，其理湛然，前圣后圣同所游履。”又在《阿毗昙论》二中，说心性的清净为：“心性清净染客尘。凡夫未闻故，不能如实知见，亦无修心。圣人闻故，如实知见，亦有修心。”这些思想，不但可代表大众部的特色，而且也可认为是大乘真如缘起说的根本原理而无愧。此外如“无色有色，是法处色”的说法，即类似大乘佛教的教理，显然与说一切有部大异其趣。

总之，有关小乘佛教的研究，我认为有最重要的三本标准书，即：

一、《大毗婆沙论》——代表有部的圣典。

二、《成实论》——代表大众部的圣典。

三、《清净道论》——代表分别上座部的圣典。

我们如果能从中参照《阿含经》加以比较和研究，

那么，我相信原始佛教至部派佛教的开展情形，必能了如指掌。因此《大毗婆沙》和《俱舍论》、《成实论》，诚为北传佛教徒必须研读的宝典。

笔者草本文的当初，本想多深入教史的分析，以及二宗间的教义比较、注解等，但因限于篇幅和日期的逼迫，终未能如愿，错漏之处在所难免，尚望诸方大德叱正之！

出版后记

星云大师说：“我童年出家的栖霞寺里面，有一座庄严的藏经楼，楼上收藏佛经，楼下是法堂，平常如同圣地一般，戒备森严，不准亲近一步。后来好不容易有机缘进到藏经楼，见到那些经书，大都是木刻本，既没有分段也没有标点，有如天书，当然我是看不懂的。”大师忧心《大藏经》卷帙浩繁，又藏于深山宝刹，平常百姓只能望藏兴叹；藏海无边，文辞古朴，亦让人望文却步。在大师倡导主持下，集合两岸近百位学者，经五年之努力，终于编修了这部多层次、多角度、全面反映佛教文化的白话精华大藏经——《中国佛教经典宝藏》，将佛教深睿的奥义妙法通俗地再现今世，为现代人提供学佛求法的方便途径。

完整地引进《中国佛教经典宝藏》是我们的夙愿，

三年来，我们组织了简体字版的编审委员会，编订了详细精当的《编辑手册》，吸收了近二十年来佛学研究的新成果，对整套丛书重新编审编校。需要说明的是此次出版将丛书名更改为《中国佛学经典宝藏》。

佛曰：一旦起心动念，也就有了因果。三年的不懈努力，终于功德圆满。一百三十二册，精校精勘，美轮美奂。翰墨书香，融入经藏智慧；典雅庄严，裹沁着玄妙法门。我们相信，大师与经藏的智慧一定能普应于世，济助众生。

东方出版社

图书在版编目（CIP）数据

俱舍要义／杨白衣 著．—北京：东方出版社，2020.3
（中国佛学经典宝藏）
ISBN 978-7-5060-8638-7

Ⅰ．①俱… Ⅱ．①杨… Ⅲ．①俱舍宗—研究 Ⅳ．
① B946．9

中国版本图书馆 CIP 数据核字（2015）第 289576 号

俱舍要义
（JUSHE YAOYI）

作　　者：杨白衣
责任编辑：王梦楠　杨　灿
出　　版：东方出版社
发　　行：人民东方出版传媒有限公司
地　　址：北京市朝阳区西坝河北里 51 号
邮　　编：100028
印　　刷：北京大兴县新魏印刷厂
版　　次：2020 年 3 月第 1 版
印　　次：2020 年 3 月第 1 次印刷
开　　本：880 毫米 ×1230 毫米　1/32
印　　张：7
字　　数：108 千字
书　　号：ISBN 978-7-5060-8638-7
定　　价：49.00 元
发行电话：（010）85924663　85924644　85924641